W0194262

Wilhelm Busch

Mit Gott auf du

Ansprachen

Bibliografische Information Der Deutschen Bibliothek
Die Deutsche Bibliothek verzeichnet diese Publikation in der
Deutschen Nationalbibliografie; detaillierte bibliografische
Daten sind im Internet über http://dnb.ddb.de abrufbar.

Neuauflage des 1971 im Verlag der Liebenzeller Mission
erschienenen Buches »Gottes Auserwählte«.
6. Taschenbuchauflage 2004
© 2004 by Verlag der St.-Johannis-Druckerei, Lahr/Schwarzwald
Umschlagbild: Bildagentur Dr. G. Wagner
Gesamtherstellung: St.-Johannis-Druckerei, Lahr/Schwarzwald
Printed in Germany 15693/2004

www.johannis-verlag.de

„. . . redet er noch, wiewohl er gestorben ist"

Pfarrer Wilhelm Busch sprach 1966 wenige Wochen vor seinem Heimgang beim Pfingstmissionsfest der Liebenzeller Mission. Mehrere tausend Zuhörer lauschten im großen Membran-Hallen-Zelt gespannt seiner Botschaft. Er verkündigte das Wort wie einer, der vor den Toren der Ewigkeit steht und weiß, daß ihm nicht mehr viel Zeit zum Dienen und zum Wirken zur Verfügung steht. Man spürte schon einen Glanz der Ewigkeit; auch wenn es noch niemand ahnen konnte, daß er wenige Wochen später heimgerufen werden sollte. Was war es wohl, das den Redner, der zum erstenmal in Liebenzell sprach, und die vielen Menschen vom ersten Augenblick an miteinander verband? Es war das Zeugnis von Jesus, es war der lebendige HErr selbst. ER beruft Menschen in seine Gemeinde und in sein Reich, und ER läßt diese „Auserwählten Gottes" im Glauben wachsen und in alle Ewigkeit in IHM miteinander verbunden bleiben.

Das vorliegende Buch gibt die Ansprachen Pfarrer Wilhelm Buschs in Bad Liebenzell wieder. Ihnen wurden noch andere Verkündigungen des Heimgegangenen aus den Jahren 1965 und 1966 angefügt. Alle Reden wurden vom Tonband abgenommen und leicht überarbeitet. Der Redecharakter wurde belassen.

Im Hebräerbrief (Kap. 11, 4) lesen wir von Abel: „Durch den Glauben redet er noch, wiewohl er gestorben ist." Von Pfarrer Wilhelm Busch dürfen wir ähnliches sagen: Durch sein Zeugnis von Jesus redet er noch, wiewohl er heimgegangen ist. Es war die Leidenschaft seines Lebens, Jesus den Menschen zu bezeugen. Möge dieses Zeugnis durch das vorliegende Buch aufs neue erklingen.

Inhaltsverzeichnis

Vorwort

Was sollen wir tun?

„Als sie aber das hörten, ging's ihnen durchs Herz und sprachen zu Petrus und zu den andern Aposteln: Ihr Männer, liebe Brüder, was sollen wir tun?"

Apostelgeschichte 2, 37

Ihr lieben Freunde, ich war 30 Jahre lang Jugendpfarrer in Essen. Ein großer Mitarbeiterkreis von jungen Männern stand mir zur Seite.

Wir sprachen viel über Mission. Einmal fragte ich diese jungen Männer: „Jetzt sagt mal eure Meinung, wen haltet ihr für den bedeutendsten Missionar der Weltgeschichte?" Es kamen viele Antworten, die mir bewiesen, daß die jungen Männer die Missionsgeschichte kannten.

Einer sagte: „Der größte Missionar war Nommensen." Ich weiß nicht, ob ihr den Namen kennt. Er war der Missionar, durch den die Batakvölker auf Sumatra Christen wurden. — Dann sagte ein anderer: „Hans Egede." Er war der erste bedeutende Grönlandmissionar, durch den Gott unter den Eskimos Erweckung schenkte. — Der dritte rief: „Hudson Taylor." Kennt ihr den Namen? Er war der Gründer der China-Inland-Mission. Wenn ich an China denke, frage ich mich, wie mag heute das Evangelium in diesem Hexenkessel weiter bestehen und weitergehen?

Eine andere Antwort beeindruckte mich ganz besonders: „Die größten Missionare sind die fünf jungen Männer, die im Urwald von Südamerika bei den Aucas ihr Leben ließen; denn es gibt nichts Größeres, als für Jesus sein Leben zu lassen."

Schließlich meldete sich einer: „Ich glaube, der größte Missionar der Weltgeschichte ist der Heilige Geist Gottes, der an Pfingsten über alles Fleisch ausgegossen wurde. Ohne ihn gäbe es überhaupt keine Mission. Er wirkt in der ganzen weiten Welt zu gleicher Zeit."

Ich stimmte zu: „Du hast recht. Der Heilige Geist ist der größte Missionar." In der Pfingstgeschichte wird es deutlich: „Es wurden hinzugetan . . . bei dreitausend Seelen" (Apg. 2, 41). So möchte ich einmal evangelisieren können, daß dreitausend zum Glauben kommen. Aber solche Wirkung hat sich der Heilige Geist Gottes vorbehalten, dieser große Missionar.

Was war das für eine herrliche Geschichte an Pfingsten! Die Apostel wurden unter äußeren Zeichen von Sturm und Feuer mit dem Heiligen Geist erfüllt. Sie fingen an zu zeugen und zu reden, Tausende strömten zusammen und wunderten sich: „Was ist denn das? Wir alle können es ja verstehen!" Es waren Männer, die aus der weiten Welt zu einem großen Fest nach Jerusalem gekommen waren.

Welch ein Augenblick, als Petrus aufsteht und winkt und es stille wird! Und dann spricht Petrus nicht vom Heiligen Geist, das ist mir das Wunderbare, sondern von Jesus. Er hat es verstanden, daß der Herr Jesus einmal gesagt hat, dieser Geist wird mich verklären. Er zeigt den Heiland am Kreuz. Er stellt vor ihre Augen den Auferstandenen, der die Verwesung nicht gesehen hat, und den von Gott Erhöhten: „So wisse nun das ganze Haus Israel gewiß, daß Gott diesen Jesus, den ihr gekreuzigt habt, zum Herrn und Christus gemacht hat." Auf einmal ist Totenstille. Da geht es ihnen durchs Herz, als wenn ein Messer hineinfährt. Und sie sprechen:

„Ihr Männer, liebe Brüder, was sollen wir tun?"

Zu dieser vom Heiligen Geist gewirkten Frage möchte ich dreierlei sagen:

1. Es ist eine wunderliche Frage von sicheren Leuten

Die Leute, die das fragten, hatten eine solche Frage gewiß noch nie oder kaum gestellt.

In Jerusalem war ein großes Fest, zu dem Juden aus der ganzen Welt zusammenkamen. Ich brauche die Länder nicht noch einmal aufzuzählen. Diese Festbesucher waren meistens Geschäftsleute, reiche Leute, sonst hätten sie sich die Reise gar nicht leisten können; heute würden wir sagen Kaufleute, die wenigstens einen Mercedes 250 fuhren. Sie wußten, wie man im Leben fertig wird. Es gibt ja so hilflose Leute, die nirgendwo fertig werden. Dazu gehörten diese nicht. Es waren Menschen, die das Leben gemeistert hatten, die es zu etwas gebracht hatten.

Solche Leute hatte ich einmal vor mir, als ich bei der Reise nach Amerika auf einem Ozeandampfer eine Morgenandacht hielt. Es kamen Passagiere zusammen, die im Leben weder in eine Kirche noch in eine Gemeinschaft gehen, Geschäftsleute, die an diesem Morgen nichts anderes zu tun wußten. Als ich sie vor mir sah, dachte ich, das sind sichere Leute. Sie stehen mit beiden Beinen auf dem Boden und werden schon selber fertig. Sie haben kein Bedürfnis nach dem Evangelium.

Das ist nun das Merkwürdige an der Pfingstgeschichte, daß solche sicheren Leute auf einmal fühlen: Wir werden nicht mehr fertig; uns ist der Boden unter den Füßen weggezogen. Wie hilflose Kinder fragen sie: Was sollen wir tun? Es ist ja alles verkehrt, was wir getan haben. — Versteht ihr, wie merkwürdig diese Frage im Mund dieser sicheren Leute ist?

Sie ist noch aus einem anderen Grund merkwürdig. Diese Leute waren auch religiös gar nicht unsicher, vielmehr ihrer Sache ganz sicher. Sie waren nach Jerusalem zu einem Fest gereist, zu einem Gottesfest, und hatten sich diese Reise etwas kosten lassen. Sie wußten, was sie zu tun hatten: Im Tempel kauften sie ein Opfertier und ließen es durch den Priester Gott darbringen. Es war alles genau vorgeschrieben: wie man die Versammlungen besuchte, wie man die Opfer brachte. Da war jeder sicher: Bei mir ist alles in Ordnung mit Gott. Und diese sicheren Leute sagen auf einmal: Es ist nichts in Ordnung! Was sollen wir tun?

In unserer großen Versammlung hier im Zelt sind bestimmt Leute, die sich wie diese Männer in Jerusalem einbilden, es sei mit Gott alles in Ordnung. Und vielleicht ist gar nichts in Ordnung! Wenn uns der lebendige Gott begegnet, wird uns der Boden unter den Füßen weggezogen. Es ist kein Kinderspiel, wenn der Heilige Geist uns vor das Angesicht Gottes stellt. Da bricht viel zusammen: alle selbstgemachte Frömmigkeit, alle Sicherheit in der Welt, und die Frage bricht auf: Was sollen wir tun?

Meine Freunde, laßt es mich euch auf einem kleinen Umweg deutlich machen, was mit den Männern in der Pfingstgeschichte passiert ist. Seht, die Bibel spricht oft davon, daß die Kinder Gottes Schafe sind. „Der Herr ist mein Hirte" — „Wir gingen in der Irre wie Schafe" — „Meine Schafe hören meine Stimme". Vor ein paar Jahren ging ich in Essen durch die Stadt. Dort ist so eine gottlose, antichristliche Buchhandlung. Im Fenster hing ein großes

Plakat. Darauf war ein ganz dummes Schaf gemalt, richtig dumm, das kann man ja so machen, „dämlich" sagen wir. Darunter stand groß: „Das ist ein Christ; denn die Christen sagen ja selber, daß sie Schafe Jesu Christi sind." Ein Haufen Männer stand davor und lachte. Als ich das im Vorbeigehen sah, überkam mich der Zorn, und ich sagte: „Das stimmt doch gar nicht." — „Wieso nicht?" Ich erklärte: „Die Bibel sagt nicht, die Christen sind Schafe, sondern die Bibel sagt, alle Menschen sind Schafe, weil sie keinen Orientierungssinn haben. Ich kann nicht näher darauf eingehen. Bloß macht die Bibel einen Unterschied zwischen verlorenen, verirrten Schafen, die ins Verderben laufen, und Schafen, die zum guten Hirten gekommen sind. Aber Schafe sind wir alle. Es gibt verlorene Schafe und gerettete Schafe." —

„Was sollen wir tun?" Diese Frage zeigt: Die sicheren Kaufleute aus aller Welt haben in dem Augenblick begriffen: wir gehören zu den verlorenen Schafen. Wir sind zwar religiös, wir bringen Opfer dar, wir tun alles mögliche, aber jetzt stehen wir vor Gott, und da geht es uns auf: wir gehören zu den verlorenen Schafen. Was sollen wir tun?

Das sind die gesegnetsten Versammlungen, wenn ein Mensch vor Gott gestellt wird, vor den wirklichen Gott, und es ihm aufgeht: ich gehöre zu den verlorenen Schafen! Was soll ich tun?

2. Es ist die typische Frage des unerleuchteten Herzens

Es gibt typische Fragen des unerleuchteten Herzens. Als Paulus ein Feind des Christentums war und nach Damaskus zog, um die Christen zu verfolgen, zerriß der Himmel, und der Herr erschien ihm. Da stürzt er zu Boden. Und nach ein paar Worten sagt er: „Was soll ich tun?" Das ist die erste Frage, wenn ein Mensch Gott begegnet.

Kennt ihr die Geschichte vom Gefängnisdirektor in Philippi? Er hatte Paulus in seinem Gefängnis sitzen. Und dann geschah es, daß Gott in dieses Gefängnis eingriff, ganz gewaltig. Da stürzt dieser Gefängnisdirektor, ein Heide, in die Zelle des Paulus. Er fühlt plötzlich: Gott ist da, und ich bin vor ihm verloren. Entsetzt sagt er: „Was soll ich tun, daß ich gerettet werde?"

Alle Religionen in der Welt kommen von der Frage her: Was sollen wir tun, tun, tun? Opfer bringen, Wallfahrten machen? Dies lassen und jenes tun?! Es gibt viele sogenannte Christen, die sind nie weitergekommen als bis zur immerwährenden Frage: „Was soll ich tun?"

In dem Buch von Ingrid Trobisch „Mit Freuden unterwegs" wird eine wunderbare Missionsgeschichte erzählt: Da sitzen die Missionare beieinander und sehen auf einmal, daß viele von den Eingeborenen in Kamerun ihr Gepäck genommen haben und abziehen, junge Männer und Frauen. Der Missionar läuft hinter ihnen her und fragt: „Warum geht ihr?" Da erklärt der älteste von ihnen: „Der Weg Gottes ist uns zu schwer. Wir möchten ihn gerne gehen, aber wir können es nicht. Wir möchten richtige Kinder Gottes sein, so rein und so wahrhaftig, so liebevoll und so selbstlos, wie Gott es will, aber wir können es nicht. Der Weg Gottes ist uns zu schwer. Wir wollten es tun, aber wir können es nicht. Darum gehen wir."

Ich bin überzeugt, daß viele hier sitzen, die denken auch so: „Der Weg Gottes ist so schwer. Ich möchte ihn gerne gehen, aber er ist zu schwer. Ich kann ihn nicht gehen."

Ich erinnere mich noch an die Zeit, als Gott mich erweckte. Ich wollte ein Kind Gottes sein. Mit Ernst kämpfte ich gegen meine Sünden; doch wurden diese nur noch mächtiger und bekamen Macht über mich wie nie zuvor. Ich wollte aus dem Sumpf heraus — und sank immer tiefer hinein. Was sollte ich tun? Es war eine große Quälerei.

All die Leute hier in der Pfingstgeschichte und der Kerkermeister und Paulus bekommen die gleiche Antwort: „Gar nichts sollst du tun! Es ist alles für dich getan. Der Herr Jesus hat am Kreuz eine völlige Gerechtigkeit für dich erworben, völlige Vergebung der Sünden, völligen Frieden. Jetzt tue mal gar nichts und nimm das an!"

Das ist eine Botschaft, die in der Welt nirgendwo sonst zu hören ist, eine Botschaft des Friedens.

Petrus antwortet hier in der Pfingstgeschichte auf die Frage „Was sollen wir tun?": „Tut Buße!" Das heißt wörtlich: „Denkt um! Denkt einmal anders als alle Menschen, die fragen, ‚was müssen wir tun?' Und glaubt an den Herrn Jesus Christus, der alles für euch getan hat!"

Durch diese Botschaft werden die Menschen — und auch wir jetzt — hingeführt zum Kreuz auf Golgatha. Geht mit mir vor die Tore Jerusalems! Dort am Kreuz hängt der Sohn Gottes. Wir wollen ihn ansehen, den Mann mit der Dornenkrone, das Haupt voll Blut und Wunden, voll Schmerz und voller Hohn, das Haupt, zum Spott gebunden mit einer Dornenkron; die Hände angenagelt, die dem Sturm geboten und die Toten aus den Gräbern gerufen, die Brot verteilt und Kinder gesegnet haben. Angenagelt! Warum hängt er da? Um alles zu tun, was wir nicht tun können. Er leistet völligen Gehorsam an unserer Statt. Er trägt das Gericht an unserer Statt. Er trägt den

Zorn Gottes an unserer Statt. Er wird zum Opferlamm, das der Welt Sünde wegträgt an das Holz.

Von diesem Heiland am Kreuz heißt es in einem Lied, das wir so gern singen: „Auf dem Lamm ruht meine Seele." Ich kenne so viele Christen, die müßten singen: ‚Auf dem Lamm zappelt meine Seele' voller Unruhe, voller Friedelosigkeit. Aber so heißt es nicht, sondern:

Auf dem Lamm *ruht* meine Seele,
betet voll Bewundrung an.
Alle, alle meine Sünden
hat sein Blut hinweggetan.

Haben wir das verstanden? Der unerleuchtete Mensch sagt: „Was soll ich tun?" Der Geist Gottes zeigt auf den Heiland und sagt: „Er hat alles für dich getan."
Jetzt noch ein Drittes. „Was sollen wir tun?"

3. *Es ist — abgewandelt — doch die Frage der Kinder Gottes*

Seht, die Leute haben gefragt: „Ihr Männer, liebe Brüder, was sollen wir tun?" Die Kinder Gottes fragen nicht mehr: „Ihr Männer, liebe Brüder", sondern sie sagen: *„Herr*, was soll ich tun?"

Es gibt so viele Christen, die werden nie selbständig. Sie hängen immer an einem Evangelisten oder Prediger, und man muß sie immer stützen. Sie fragen ihr Leben lang: „Ihr Männer, liebe Brüder" oder auch „Ihr Schwestern". Kinder Gottes fragen: *„Herr*, was willst *du*, daß ich tun soll?" Das macht selbständig.

Laßt mich ein paar Beispiele sagen. Ihr kennt die Geschichte von Joseph, der als Sklave nach Ägypten verkauft wird. Dort wächst er heran und wird ein schöner junger Mann mit Einfluß. Die junge Frau seines Herrn wirft ein Auge auf ihn; so heißt es in der Bibel. Eine gelangweilte, hübsche, elegante Frau. Ihr Mann vernachlässigt sie. Und Joseph gefällt ihr. Damals nahm man es in Ägypten mit der Ehe nicht so genau. Sie läßt den Joseph merken: Du, ich hab dich lieb! Ich bin überzeugt, daß Joseph, dieses Kind Gottes im Alten Bund, in der Stunde, als er dessen gewahr wurde, fragte: „Herr, was soll ich tun?" Da hat ihn der Herr gewarnt: „Nicht mit der Sünde spielen!" Und als die Versuchungsstunde kommt, sagt Joseph: „Wie sollte ich denn nun ein solch großes Übel tun und gegen Gott sündigen?"

So fragen Kinder Gottes in Anfechtungen. Sie fragen nicht die Welt, und sie fragen nicht die öffentliche Meinung, sie fragen auch nicht hinterher, sondern wenn es anfängt: *„Herr, was soll ich tun?"*

Da ist die Geschichte von Abraham, der seinen Neffen Lot bei sich hat. Beide haben große Herden. Es gibt dauernd Krach. — Wie in den Familien heute, wenn der Schwager im ersten Stock wohnt und selber wohnt man im Erdgeschoß; da gibt es Krach wegen der Waschküche. Oder es herrscht Streit zwischen Schwiegermutter und Schwiegertochter. Ich möchte mal wissen, wie viele Streitigkeiten und Kräche, wieviel trübe Geschichten ihr alle mitgebracht habt! — Als Abraham merkt, daß es eine böse Sache gibt, hat er sicher gefragt: „Herr, was soll ich tun?" Er bekommt Antwort, geht zu Lot und sagt: „Lieber, laß doch nicht Zank sein zwischen mir und dir."

Wir haben im Alltag viel Gelegenheit zu fragen: „Herr,

was sollen wir tun?" Es gibt so viele Leute, die uns auf die Nerven fallen.

Oder ich denke an den Apostel Paulus. Er hat einen Missionsplan gemacht. — Die Brüder im Missionshaus müssen doch einen Plan machen, eine Strategie. — Er hat im Sinn, nach Phrygien, Mysien, Bithynien in Kleinasien zu gehen. „Der Geist wehrte uns", heißt es. Und dann kommt er nach Troas. Von dort ruft ihn der Herr nach Europa. Wundervolle Missionsgeschichte, wo man unter der Leitung des Herrn steht und fragt: „Was willst denn *du*, daß wir tun sollen?"

Nun könnte einer sagen: Das gibt doch wieder die große Unruhe, wenn ich dauernd fragen muß: Herr, was soll ich tun? Dann komme ich doch wieder in die Unsicherheit und Friedelosigkeit hinein. — Nein, meine Freunde, es bleibt dabei: *Er hat alles für mich getan.* Das ist mein Trost, auf den ich sterben will: Er hat mich am Kreuz zum Eigentum Gottes erkauft. Aus Gnaden soll ich selig werden.

Aber nun übernimmt er auch die Verantwortung für mein Leben, das ich ihm in die Hand gegeben habe. Und wenn ich zu ihm komme mit der Frage: Herr, wo geht es jetzt hin? Was willst du? Was soll ich tun?, so ist dies ein Zeugnis dafür, daß ich *ihm* vertraue und *ihm* die Verantwortung für mein Leben überlasse.

Dies wünsche ich all den Zeugen auf den Missionsfeldern: daß sie einer gequälten Welt diesen Frieden verkündigen dürfen, „der höher ist als alle Vernunft".

(Gottesdienst im Zelt am Pfingstsonntag 1966
beim Missionsfest in Bad Liebenzell.)

Gottes Tau

„Und Gideon sprach zu Gott: Willst du Israel durch meine Hand erretten, wie du zugesagt hast, so will ich abgeschorene Wolle auf die Tenne legen: Wird der Tau allein auf der Wolle sein und der ganze Boden umher trocken, so will ich daran erkennen, daß du Israel erretten wirst durch meine Hand, wie du zugesagt hast. Und so geschah es. Und als er am andern Morgen früh aufstand, drückte er den Tau aus der Wolle, eine Schale voll Wasser! Und Gideon sprach zu Gott: Dein Zorn entbrenne nicht gegen mich, wenn ich noch einmal rede: Ich will's nur noch einmal versuchen mit der Wolle: es sei allein auf der Wolle trocken und Tau auf dem ganzen Boden. Und Gott machte es so in derselben Nacht, daß es trocken war allein auf der Wolle und Tau überall auf dem Boden."

Richter 6, 36—40

Meine lieben Freunde, ich will Ihnen aus dem Alten Testament eine kleine Geschichte erzählen. Da wird berichtet, daß das Volk Gottes im Alten Bund, Israel, unter die Gewalt grimmiger Feinde geraten ist. Die Midianiter kamen jedes Jahr und plünderten einfach alles aus. Die Kinder Israel konnten nur noch heimlich ein wenig ernten und in Höhlen und Klüften ein bißchen Getreide verstecken, um nicht zu verhungern.

Da kommt der Engel des Herrn, das ist der Herr Jesus im Alten Bund, zu einem jungen Bauernsohn, der heimlich im Gebirge Weizen drischt, und sagt: „Der Herr hat dich berufen, Gideon. Du sollst Gottes Volk erretten."

Ich würde das gern stundenlang erzählen, aber dazu habe ich keine Zeit. Sie können selber im Richterbuch nachlesen, wie Gideon sich berufen läßt. Er hat keine Militärschule besucht. Er hat keine Ahnung von Strategie. Er ruft Israel zusammen und hat auf einmal ein Heer von 35 000 Mann.

Da wird es ihm doch unheimlich zumute. Er ist nicht einmal Obergefreiter, und jetzt soll er ein Heer von 35 000 Mann kommandieren! Aber er hat ja den Auftrag vom Herrn. Und während sonst, am Abend oder ein paar Tage vor der Schlacht, in einem Feldherrnzelt große Beratungen stattfinden und unentwegt telefoniert wird, ist es bei Gideon ganz anders. Er schließt sein Zelt zu, fällt auf die Knie und sagt: „Herr, du hast mich hierher gestellt. Ich kriege auf einmal Angst. Ich muß genau wissen, ob du mich wirklich haben willst. Herr, ich lege heute abend ein Schaffell — ein „Vlies" nennt man das — vor meine Hütte, und wenn du mich haben willst, mußt du ein kleines Wunder tun. Dann soll morgen früh auf dem Vlies, auf meinem Fell, der Tau liegen und ringsum alles trocken sein. Wenn es so ist, weiß ich, du hast mich berufen."

Nun macht er es so. Wo er das Fell herbekommt, weiß ich nicht. Wahrscheinlich haben die Soldaten einen Hammelbraten gegessen. Er legt das Fell hin und eilt am Morgen voll Spannung hinaus. Da ist sein Vlies voll Tau, daß er es auswinden kann, und ringsum ist alles trocken. „O Herr", sagt er, „vergib mir, aber vielleicht war es doch Zufall. Laß es mich noch einmal probieren! Heute nacht lege ich es wieder hin, und wenn in der Frühe ringsum alles voll Tau ist und nur mein Fell trocken, dann bin ich gewiß."

Und es geschieht so. Ich sehe ihn, wie er am Morgen aus

seinem Zelt kommt. Ein Blick auf das Schaffell, auf das Vlies: knochentrocken! Das Gras ist so voll Tau, daß er nasse Füße kriegt. Jetzt hat er die Gewißheit! Nun geht er im Namen des Herrn ans Werk und befreit das Volk Gottes.

Mir geht es jetzt um die Sache mit dem Fell.

Ich liebe diese Geschichte, weil der Herr auf so etwas eingegangen ist. Das ist ein Beweis dafür, daß der Herr gerne Leute hat, die ihrer Sache ganz gewiß sind, daß die Brüder und Schwestern der Liebenzeller Mission, wenn sie gesandt werden, wissen: der Herr hat mich gesandt.

Einmal hörte ich von meinem Freund Alfred Zeller in Männedorf eine schöne Auslegung der Geschichte. Wir hatten jedes Jahr einen Bibelkurs, zu dem wir uns immer die Texte selbst aussuchten, am liebsten solche, die schwierig erschienen. Zu meinem heutigen Text sagt Zeller:

An der Geschichte von dem Fell werden zwei Stufen des Christenlebens deutlich

Die erste Stufe: Das nasse Fell

Wenn ein Mensch erweckt wird, hat er nur einen einzigen Wunsch: „Herr, betaue *mein* Fell mit deiner Gnade! Von mir aus soll die ganze Welt trocken bleiben, wenn nur ich deinen Tau kriege!" — Ist das richtig?

Sie kennen alle im Neuen Testament die Geschichte von Petrus. Schon lange stand er in der Nachfolge Jesu. Und dann zeigt ihm der Herr in der Karfreitagsnacht, daß es mit seinem Christenstand nichts ist. Er verleugnet seinen Heiland, nur weil eine Dienstmagd ihn verspottet. Es ist schauerlich, wenn es von ihm heißt: „Er ging hinaus und weinte bitterlich." In dieser Nacht war ja schon einer hinausgelaufen: Judas. Jetzt läuft Petrus hinaus!

Später hört er: Der Heiland ist gekreuzigt. Deshalb sitzt er aus Angst vor den Juden hinter verschlossenen Türen. Ich kann mir den Petrus gut vorstellen und mit ihm ein wenig mitempfinden; denn ich habe meinen Heiland auch schon verleugnet. Ihr noch nie?

Ich sehe Petrus vor mir, wie er in jenen dunklen Tagen nur ein Verlangen hat: „Herr, ich möchte nur noch einmal begnadigt werden!" Und dann hört er, daß der Herr Jesus auferstanden ist. Und schließlich begegnet ihm Jesus selbst. Aber Petrus erfaßt es noch nicht, was diese Begegnung bedeutet; er hat nur eine Sehnsucht: *Mein* Fell, *mein* Vlies soll voll Tau werden, *ich* möchte eine Gnade haben!

Was war das für eine Stunde, als der Herr am See Genezareth ihn fragte: „Hast du mich lieb?" — „Ach Herr, du weißt alle Dinge, du weißt, daß ich dich liebhabe." Aus dem Wort Jesu: „Weide meine Schafe!" hört er mit Recht: „Ich habe dich angenommen." Da hat sein Herz gejauchzt. Versteht ihr, in *den* Tagen war es Petrus ganz egal, was aus der Welt würde. Herr, nimm *mich* doch an, vergib *mir* meine Sünden. Herr, laß *mich* doch begnadigt werden. Schenke *mir* den Tau vom Himmel!

Es ist ein wundervolles Geheimnis um das Gebet — hoffentlich könnt ihr alle beten —, und es ist mir so groß, daß wir in der Bibel manchmal in die Gebetskämmerlein der großen Männer Gottes hineinschauen dürfen. Von David gibt es ein Gebet, das nur die eine Melodie hat: Herr, mein Fell soll voll Tau werden! Psalm 51: „Tilge meine Sünden nach deiner großen Barmherzigkeit, wasche mich rein von meiner Missetat, reinige mich von meiner Sünde, verbirg dein Antlitz vor meinen Sünden und tilge alle meine Missetat!" Das ist ein Schreien. Da ist es David völlig gleichgültig, was mit den anderen geschieht; *er* braucht jetzt einen Heiland, dessen Blut rein macht von aller Sünde.

Das ist die erste Stufe im Christenstand. Und wer dieses Verlangen nicht kennt, der tut mir leid. Ich denke daran, wie der Herr mich als jungen Offizier erweckt hat. Wie bin ich herumgelaufen und habe danach gehungert, daß mir einer den Weg aus meinem Elend heraus zeigt.

Die zweite Stufe: Der nasse Boden

Diese zweite Stufe wird uns in der Gideongeschichte ebenfalls gezeigt. Aus dem Wort: „Herr, laß mein Fell trocken sein, aber laß alles andere betaut werden", können wir uns die neue Haltung klarmachen. Man bekommt auf einmal einen Blick für das Weite und möchte, daß die ganze Welt betaut würde mit dem Tau der Gnade. Ohne das erste Erleben kann man keinen Missionsblick bekommen. Aber, wer beim ersten stehenbleibt, der hat Scheuklappen. Wir müssen weiterkommen und sagen: „Herr, die ganze Welt soll betaut werden, ja auch dann, wenn mein eigenes Fell trocken bleibt."

Es gibt dazu zwei biblische Beispiele, eins im Alten und eins im Neuen Testament, nämlich von den beiden Gottesknechten Mose und Paulus.

Mose hat erlebt, wie sein Volk einen Götzen macht: das goldene Kalb. Darüber wird Gott zornig, und Mose fühlt den Zorn. Er wirft sich vor Gottes Angesicht und fleht:

„Herr, vergib ihnen diese Sünde! Wenn nicht, dann tilge mich aus deinem Buch, das du geschrieben hast. Herr, von mir aus kannst du mein Fell vertrocknen lassen, aber gib den Tau der Gnade auf Israel."

Im Neuen Testament sagt Paulus: „Meinetwegen könnte ich verbannt sein, wenn nur Israel die Gnade erkennen wollte!"

Das ist die zweite Stufe im Christenstand, daß es einem um die Erweckung der Welt geht. Wer bei der ersten stehenbleibt, dem fehlt etwas.

Mit der zweiten Stufe anfangen, das geht auch nicht. Man muß mit der ersten beginnen. In der Schule fängt man mit dem Abc an, nicht mit der höheren Mathematik. Aber die zweite Stufe, der Reichgottesblick, muß folgen. Beide Stufen gehören zusammen.

Ich hatte eine Großmutter in Württemberg. Sie war Schulmeistersfrau in Hülben. Trotz ihrer Erblindung saß sie noch am Spinnrad. Dort sah ich den letzten Spinnrocken. Meist saß sie zwischen Ofen und Fenster im Lehnstuhl und drehte den Faden. Als ich nach dem ersten Weltkrieg in Tübingen Student war, wanderte ich in der schweren Hungerszeit jeden Samstag nach Hülben hinauf. Wenn ich nachmittags um 5 Uhr ankam, hieß es: „Wilhelm, jetzt darfst du zuerst mal vespern!" Wie ich dieses schwäbische Wort „vespern" liebe! Ich wurde satt gemacht, und dann kam Großmutters Bitte: „Wilhelm, auf dem Schreibtisch liegt der ‚Heidenbote' (das war ein Missionsblatt). Lies mir daraus vor." Immer habe ich gestaunt, wie die Blinde um die Dinge des Reiches Gottes in China und in Afrika Bescheid wußte. Es ging mir auf: Meine Großmutter hat in ihrer Blindheit einen weiteren Blick als große Kaufleute. Die Sache ihres Königs geht um die Welt. Das war ihre

Sache. Dafür hat sie gebetet. Davon wollte sie hören: ob die Welt mit dem Tau Gottes betaut wird.

Und nun ist mein Wunsch für euch, meine Freunde: Möchtet ihr die beiden Stufen recht durchmachen, daß zuerst das eigene Fell mit der Gnade Gottes in Jesus betaut wird und ihr dann auch einen Reichgottesblick bekommt und es euch ein Anliegen wird, daß die Welt seine Gnade erfährt.

(Ansprache beim Pfingstmissionsfest 1966
in Bad Liebenzell.)

Lobgesänge in der Nacht

„Um die Mitternacht aber beteten Paulus und Silas und lobten Gott. Und es hörten sie die Gefangenen."

Apostelgeschichte 16, 25

Welch ein wundervoller Glanz liegt über der Pfingstgeschichte. Der Geist Gottes erweist sich gewaltig, die Apostel treten mit großer Freudigkeit auf, Tausende strömen zusammen, und viele kommen zum Glauben.

Die Freude des Pfingsttages, die besonders von den Aposteln ausstrahlte, war gar nichts Selbstverständliches. Denn die Apostel waren Leute auf der Schattenseite des Lebens. Sie kamen von Karfreitag her. Ach, ich wage nicht, mir vorzustellen, welche Nöte sie durchmachten, als der Heiland am Kreuz hing. Und auch dann, als er auferstanden war und sie noch nicht wußten, ob sie verworfen seien oder der Herr sie nochmals annehme und gebrauchen könne. Es lag viel Not hinter ihnen.

Auch äußerlich waren sie arme Kerle. Zweimal heißt's vom Leben des Petrus: „Wir haben die ganze Nacht gefischt und nichts gefangen." Ich möchte einen Westdeutschen sehen, der zweimal eine Nachtschicht macht, ohne etwas zu verdienen. Ihn gibt's bestimmt nicht.

Die Apostel kamen aus Armut, Not und Verzweiflung. Und vor ihnen lag ein Leben der Verfolgung, das bei den meisten im Martyrium enden sollte.

Von dem kommunistischen Dichter Bert Brecht stammt das Wort aus der „Dreigroschenoper": „Und die einen sind im Dunkeln, und die andern sind im Licht." Aufs

Äußere gesehen, waren die Apostel solche Leute im Dunkeln.

Diese Hintergründe muß man sehen, um zu verstehen, wie wunderbar es ist, daß sie an Pfingsten mit einer so großen Freudigkeit auftreten, die dreitausend Menschen Lust macht, auch Christen zu werden.

Meine Freunde, im Buch Hiob steht ein Wort, das ich besonders liebe. Schon äußerlich ist es schönste Poesie. Es heißt: „Gott, mein Schöpfer, der Lobgesänge gibt in der Nacht." Die Apostel waren, bildlich gesprochen, Leute „in der Nacht". Aber am Pfingsttag fließt ihr Herz über vor Freude am Herrn. Sie strahlt ihnen gewissermaßen „aus allen Knopflöchern". Der Geist Gottes wirkt „Lobgesänge in der Nacht". Es gibt viele Leute, die auch in der Nacht leben, elend oder krank oder einsam. Doch höre: Gott will nicht bloß dein Stöhnen hören, er will in deinem Herzen durch den Heiligen Geist so wirken, daß du loben kannst: „Gott, mein Schöpfer, der Lobgesänge gibt in der Nacht." Dies kann — wie damals in Jerusalem — zu allen Zeiten, an allen Orten und in jedem Herzen geschehen.

Wir wollen jetzt von der Pfingstgeschichte im Geist nach Philippi ziehen und unsere Betrachtung der Textgeschichte unter das Wort stellen:

Gott, mein Schöpfer, der Lobgesänge gibt in der Nacht

1. Die Nacht

Als Paulus und sein Freund Silas im Gefängnis lagen, war es äußerlich und innerlich Nacht.

Der Herr hatte Paulus durch einen klaren Ruf nach Europa gerufen. Welch eine Stunde, als die beiden Männer ihren Fuß auf den Boden Europas setzten! Die erste Stadt, in die sie geführt wurden, war Philippi. Dort verkündigten sie ihre Botschaft: Gott hat den Himmel zerrissen. Er hat seinen Sohn gesandt, der für dich am Kreuz gestorben ist und dich von den Mächten der Finsternis losgekauft hat. Er ist auferstanden, und du darfst ihm gehören . . .

Diese Botschaft verursachte Rumor. Das Volk stürzte sich auf Paulus und Silas. Sie wurden vor die Obersten geschleift. Diese wollten gerade Feierabend machen, es war vielleicht zehn Minuten vor Dienstschluß. Da sagen die Beamten: „Für heute ist Schluß!" Der Stadtkommandant befiehlt: „Geißelt sie und werft sie ins Gefängnis. Morgen machen wir weiter."

Paulus und Silas werden gegeißelt. Eine römische Geißelung war grauenvoll. Eisenstücke waren in die Riemen hineingeflochten, so daß beim Schlagen der Rücken zerfleischt wurde. Blutüberströmt werden die beiden dem Gefängnisdirektor übergeben. Wahrscheinlich war er ein pensionierter römischer Offizier. Der schlägt die Hacken zusammen: „Jawohl!" — und wirft Paulus und Silas gleich ins unterste Gefängnis. Das mag ein Loch gewesen sein! Er legt ihre Füße in den Stock. So genau weiß ich auch nicht, was das für ein Folterwerkzeug war. Jedenfalls eine grausame Marter. Und dann sitzen die beiden in der dunklen Zelle. Es mag abends zwischen 6 und 7 Uhr gewesen sein. Vielleicht tropft das Wasser von den Wänden, die Ratten laufen ihnen über die Füße.

Von den Gefangenen hören wir nichts, bis es heißt: „Um die Mitternacht aber beteten Paulus und Silas und lobten Gott." Jetzt frage ich euch: Was haben die beiden von

abends 6 Uhr bis Mitternacht um 12 Uhr gemacht? —
Sie waren gewiß in großer Anfechtung. Nicht nur äußerlich war Nacht, sondern auch innerlich. Es soll mir kein
Mensch erzählen, er sei ein Christ und wüßte nicht, was
solche Nächte der Anfechtung sind.

Mein Großvater Kullen in Hülben sagte einmal zu einem
alten Bruder, der ein so schwermütiges Gesicht machte:
„Du, Christen haben leuchtende Augen." Darauf er-
widerte der Angesprochene: „Ich kann nicht lachen, wenn
ich geistlich sterben muß, wenn ich in der Anfechtung
bin."

Ich möchte ein wenig versuchen, der Anfechtung des
Paulus nachzugehen, weil ich meine, daß wir in dieselben
Anfechtungen kommen.

Da stürzt die Frage auf Paulus herein: „Wie kann Gott
das alles zulassen? Er hat mich doch hierher gerufen. Ich
diene ihm doch. Er will doch, daß seine Botschaft verkündigt wird. Und jetzt läßt er uns hier blutig schlagen
und einsperren. Wie kann Gott das zulassen?!"

Meine Freunde, ich hatte zwei Söhne. Gott hat sie mir
beide genommen. Da brach die Frage über mich herein:
Warum tut er das? Diese Frage wird oft oberflächlich
gestellt. Aber sie kann auch aus schmerzlichem Erleben
kommen und für Christen zu einer Anfechtung werden.

Weiter: In Paulus brannte sicher ein großer Zorn. Nichts
kann einen Mann härter treffen, als wenn er Unrecht
ertragen muß und nichts dagegen machen kann. Paulus
war römischer Bürger und gehörte damit zu einer be-
vorzugten Klasse: Er durfte nicht gegeißelt werden. Nun
erfuhr er mit der Geißelung die Ungerechtigkeit der Welt
am eigenen Leibe — und war machtlos.

Aber nicht nur der Zorn kann eine Anfechtung sein, es können auch die fleischlichen Triebe, der Eigensinn oder der Neid aufbrechen. Der alte Mensch ist ja noch da. Und wenn wir einmal merken, wie wir an uns selber zuschanden werden, wenn der Vulkan ausbricht — ach, das ist eine Anfechtung.

Auch der Sorgengeist kann zur Anfechtung werden. Paulus hatte gerade mit seinem Dienst in Philippi angefangen. Was sollte nun aus den erweckten Leuten werden, was aus der kleinen Gemeinde?!

Wie der Sorgengeist zur Anfechtung werden kann, das wissen besonders wir alten Leute. Die Jugend nimmt's leichter. Als meine Kinder sich verheirateten, meinte ich: Jetzt haben wir ein bißchen Luft, jetzt sollen sie für sich selber sorgen. Aber nein. Jetzt geht dauernd das Telefon: da ist ein Enkelchen krank, dort ist was anderes los — man kommt eben aus den Sorgen nicht heraus. Vielleicht ist auch unter uns heute manch einer, der durch die Sorgenwolken nicht mehr durchsehen kann.

Noch eine weitere Anfechtung hat Paulus gewiß durchstehen müssen: die Angst vor den Menschen.

David war bestimmt ein großer Kriegsheld; aber auch er sagt einmal: „Ich will nicht in der Menschen Hände fallen." Ich habe dies im Dritten Reich ein paarmal erlebt. Das ist schrecklich, wenn einen die Angst packt: Was machen sie mit dir? Du bist ihnen wehrlos ausgeliefert!

Aber die schwerste Anfechtung des Paulus war sicher der schreckliche Zweifel: Hat mich denn der Herr verworfen, daß ich nicht mehr sein Knecht sein soll? Paulus war zwar seines Heils gewiß. Aber das quälte ihn: Kann Gott mich zum Dienst nicht mehr gebrauchen? Wirft er mich als sein Werkzeug weg?

Nacht im Herzen des Paulus!

Vielleicht ist auch unter uns jemand in solcher Dunkelheit. Ein alter Großstadtpfarrer weiß, daß jeder seine dunklen Probleme hat, seine Not, die er niemand sagen kann. Aber in der Bibel, in Psalm 34, gibt es ein köstliches Wort: „Der Herr ist nahe denen, die zerbrochenen Herzens sind."

So war der Herr dem Paulus ganz nahe, auch wenn es der Apostel in diesem Augenblick kaum spürte.

2. Lobgesänge

Um Mitternacht ist auf einmal alles verändert. Die dunkle Zelle ist ein Tempel Gottes geworden, von dem die Lobgesänge aufsteigen. Es war solch ein schallender Lobgesang, daß ihn die Gefangenen hörten.

Dabei ist es interessant, daß doch eigentlich gar nichts verändert war: der geschlagene Rücken tat noch genauso weh wie vorher, die Füße waren noch genauso in den Stock eingespannt wie vorher, die Apostel waren noch genauso in der Menschen Hände gegeben wie vorher — und doch auf einmal Lobgesänge!

Das ist das Geheimnis: In ihren Herzen war eine Veränderung vorgegangen.

Wir meinen oft, es wird alles gut, wenn der äußere Druck weg ist, wenn wir 50 Mark mehr hätten oder so. Nein! Die Anfechtung weicht, wenn es *in* uns anders wird.

Seit Tagen habe ich mich mit dieser Predigt beschäftigt. Dabei haben mich diese Lobgesänge in der dunklen Nacht, in der schrecklichen Gefängniszelle bis ins Innerste erschüttert. Ich möchte euch gerne deutlich machen, was solcher Lobgesang bedeutet.

In der Offenbarung wird uns in Kapitel 5 eine wunderbare Szene geschildert: Johannes werden die Augen aufgetan für die unsichtbare Welt. Er sieht den Thron Gottes in gewaltigem Glanz; er sieht merkwürdige Lebewesen um den Thron Gottes; er sieht die 24 Ältesten; und er sieht — oh, das ist gewaltig! —, wie sie ihre Kronen vor dem Thron Gottes in den Staub werfen. Da fängt das Lob, das Lob im Himmel an.

Auf einmal gibt's eine Pause. Der auf dem Thron sitzt, hält eine Schriftrolle mit seinen Plänen in der Hand. Durch den Himmel wird gefragt: Wer kann die Schriftrolle öffnen und die Pläne zur Ausführung bringen? Tiefes Schweigen. Keiner kann das tun. Johannes stürzen die Tränen aus den Augen: „Ist denn keiner dazu fähig?" Ein Engel tröstet ihn: „Weine nicht! Einer ist da, der Starke, der Held, der Löwe aus Juda."

Jetzt ist Johannes gespannt, wer dieser starke Löwe aus Juda ist. Ich stelle es mir so vor: Die Engelscharen treten auseinander, und da steht vor dem Thron — ein Lamm mit der Todeswunde! Jesus, für uns geschlachtet!

Was dann folgt, kann ich nur wörtlich vorlesen (Offb. 5, 11—13): „Und ich sah und hörte eine Stimme vieler Engel um den Thron und um die Gestalten und um die Ältesten her, und ihre Zahl war vieltausendmal tausend, und sprachen mit großer Stimme: Das Lamm, das erwürget ist, ist würdig, zu nehmen Kraft und Reichtum und Weisheit und Stärke und Ehre und Preis und Lob. Und alle Kreatur, die im Himmel ist und auf Erden und unter der Erde und im Meer, und alles, was darinnen ist, hörte ich sagen: Dem, der auf dem Thron sitzt, und dem Lamm sei Lob und Ehre und Preis und Gewalt von Ewigkeit zu Ewigkeit!"

Ein Lobgesang in himmlischen Räumen!

Und in diese gewaltige Anbetung mischt sich die Stimme aus dem dunklen Kerker, aus der Nacht. Unser Lob, meine Freunde, kommt immer zu dieser gewaltigen himmlischen Anbetung Gottes hinzu. Da heißt's dann: „Ich auch auf der tiefsten Stufen . . ." Unser angefochtener Paulus war gewiß „auf der tiefsten Stufe". Aber sein Lobgesang stieg hinauf in die himmlischen Räume.

Wir sprachen von der Nacht, wo die Hunde im Keller bellen und man selber in der Tiefe ist. Wir hörten, wie Paulus hier in die himmlischen Lobgesänge einstimmte, und fragen uns nun:

3. Wie kam es dazu?

Ich habe in meinem Leben dunkle Kerkerzellen kennengelernt, nicht solche der ordentlichen Strafjustiz, sondern unheimliche Gefängnisse der Geheimen Staatspolizei. Und ich kenne solche Stunden der Dunkelheit und Anfechtung. Aber ich habe auch erfahren, wie es zu den Lobgesängen kommt. Und darum möchte ich es zeugnismäßig sagen:

„Um die Mitternacht aber beteten Paulus und Silas", das heißt: die Anfechtung ging in dem Moment zu Ende, als sie wieder beten konnten. Vorher waren sie so in der Dunkelheit, daß ihnen ein Gebet nicht mehr möglich war. Paulus hat diese Erfahrung in Römer 8 ausgesprochen: Wir können in die Lage kommen, daß wir nicht mehr wissen, was wir beten sollen. Doch wo Kinder Gottes so niedergeschlagen sind, betet der Heilige Geist für sie. „Der Geist vertritt uns aufs beste mit unaussprechlichem Seufzen." Weil der Geist Gottes ihn vertrat, konnte Paulus um Mitternacht wieder beten.

Ich kann mir denken, was er gebetet hat. Vorher hatte er gefragt: „Wie kann Gott das alles zulassen?" Jetzt betete er: „Herr, ich will gar nicht wissen, warum du das tust. Ich will auch gar nicht fordern, daß du meine Lage veränderst. Aber ich möchte dein Gnadenangesicht wieder sehen. Ich möchte wissen, daß du eine Handbreit neben mir bist. Ich will *nicht etwas von dir*, sondern *dich!*"

Ich erinnere mich, daß wir in meiner Kindheit einen reichen Onkel hatten. Wenn er zu Besuch kam, brachte er immer herrliche Geschenke mit, Schokolade, Pralinen . . . Wir Kinder stürmten gleich auf ihn ein: „Onkel, hast du . . .?" Und denken Sie, ich weiß gar nicht mehr, wie der Onkel aussah. Ich sehe nur noch die vollen Taschen vor mir. Das heißt: der Onkel war mir im Grunde ganz egal, ich wollte seine Geschenke.

So machen's die meisten mit dem Heiland. Sie wollen etwas von ihm, aber nicht ihn selber. Doch wenn der Herr uns in solche Dunkelheiten führt, dann lernt man beten: Herr, ich will nur dich, du Friedenskönig, du Sünderheiland, du Garant meiner Gotteskindschaft.

Als Paulus und Silas so beten können, genau in dem Augenblick geschieht etwas: Da sehen sie im Geist das Kreuz des Heilands.

Ich fuhr einmal nachts aus dem Hafen von New York heraus, vorbei an der Freiheitsstatue. Es ist sehr eindrücklich, wie die Freiheitsstatue auf der Insel, von dunklem Meer umgeben, hell angestrahlt aus der Nacht heraustritt.

So erleben wir es mit dem Kreuz Jesu. Der Heilige Geist leuchtet es so an, daß wir nichts mehr sehen als den Sohn Gottes, der alle meine Sünden wegträgt; als den Hohenpriester, der mich versöhnt; als den, der das Lösegeld zahlt und mich loskauft. Meine Freunde, ich möchte in der Nacht meines Sterbens nichts anderes vor mir sehen als den Heiland am Kreuz, der mir zuruft: „Fürchte dich nicht, ich habe dich erlöst."

Jetzt sieht Paulus: Es ist zwischen Gott und mir alles in Ordnung.

Und der Geist Gottes zeigt ihm den Auferstandenen mitten in der Nacht. Ja, der auferstandene Herr Jesus Christus tritt selbst in diese Kerkerzelle. Der Herr lebt. — Da brechen die Lobgesänge auf!

Das war für mich das größte Erlebnis während der Gefängniszeit, daß selbst drei Riegel den Heiland nicht aufhalten können, wenn er zu angefochtenen Seelen kommen will. Er kam nie mehr in solcher Weise zu mir wie in jenen ganz schrecklichen Gefängniszellen. Als meine Frau mich einmal besuchte und sagte: „Du gehst ja zugrunde", konnte ich nur erwidern: „Nein, mir geht's wie den Priestern bei der salomonischen Tempeleinweihung. Da heißt's: ‚Die Herrlichkeit des Herrn erfüllte den Tempel, daß die Priester nicht stehen konnten.'" So war meine dreckige Zelle erfüllt mit der Gegenwart Jesu, daß ich's fast nicht aushielt.

Es geht im Christenleben durch viel Anfechtungen. Sie werden nicht anders überwunden, als daß der Heilige

Geist uns Jesum verklärt und der Herr selber zu uns kommt.

Ach mein Herr Jesu, dein Nahesein
bringt großen Frieden ins Herz hinein.
Und dein Gnadenanblick macht uns so selig,
daß Leib und Seele darüber fröhlich
und dankbar wird.

(Festansprache beim Gemeinschaftstag
am Pfingstmontag 1966 in Bad Liebenzell.)

Auserwählte Gottes

„So ziehet nun an als die Auserwählten Gottes, als die Heiligen und Geliebten, herzliches Erbarmen, Freundlichkeit, Demut, Sanftmut, Geduld; und vertrage einer den andern und vergebet euch untereinander, wenn jemand Klage hat wider den andern; gleichwie der Herr euch vergeben hat, so auch ihr. Über alles aber ziehet an die Liebe, die da ist das Band der Vollkommenheit; und der Friede Christi regiere in euren Herzen, zu welchem ihr auch berufen seid in einem Leibe; und seid dankbar. Lasset das Wort Christi reichlich wohnen in euch: lehret und vermahnet euch selbst in aller Weisheit mit Psalmen und Lobgesängen und geistlichen Liedern und singet Gott dankbar in euren Herzen. Und alles, was ihr tut mit Worten oder mit Werken, das tut alles in dem Namen des Herrn Jesus und danket Gott, dem Vater, durch ihn."

Kolosser 3, 12—17

Meine Freunde!

Auf der Alb erlebte ich einmal eine Stunde. Es wurde viel Gutes gesagt. Zum Schluß sollte ein Bruder, der selten kam, auch noch einige Worte sagen. Doch nach einem Blick auf die Uhr dachte er wohl: 's isch eigentlich gnueg. Darum sagte er: „No wolle mer halt drin stehebleibe und dra fortmache. Und der Herr isch treu." Damit war seine Rede zu Ende.

Mir geht's eigentlich fast wie diesem Bruder, nach all dem Guten, das wir heute schon gehört haben, daß ich auch nur sagen möchte: „Jetzt wolle mer dra stehebleibe und dra fortmache. Und der Herr isch treu."

Aber dann würden die Leute, die mich hergerufen haben, sagen: Ja, lieber Pfarrer Busch, für so eine kurze Ansprache haben wir dich nicht geholt. Jetzt müßt ihr halt Geduld haben. Ich muß meine Rede noch loslassen.

Meine Überschrift heißt:

Christsein heute in der Gemeinde Jesu und in der Welt

Dazu lese ich ein Wort aus dem Kolosserbrief: „So ziehet nun an als die Auserwählten Gottes, als die Heiligen und Geliebten, herzliches Erbarmen, Freundlichkeit, Demut, Sanftmut, Geduld; und vertrage einer den andern und vergebet euch untereinander, wenn jemand Klage hat wider den andern; gleichwie der Herr euch vergeben hat, so auch ihr. Über alles aber ziehet an die Liebe, die da ist das Band der Vollkommenheit." — Vollkommene Gemeinschaft ist also da, wo ein Band außen herum ist, nämlich die Liebe. — „Und der Friede Christi regiere in euren Herzen, zu welchem ihr auch berufen seid in einem Leibe; und seid dankbar. Lasset das Wort Christi reichlich wohnen in euch: lehret und vermahnet euch selbst in aller Weisheit mit Psalmen und Lobgesängen und geistlichen Liedern und singet Gott dankbar in euren Herzen." — Ich möchte gerne einmal hören, so wie Gott hört, welche Melodie morgens um 7 Uhr in unseren Herzen ist, wenn der Tag anfängt und einen so dumm anguckt. — „Und singet Gott dankbar in euren Herzen. Und alles, was ihr tut mit Worten oder mit Werken, das tut alles in dem Namen des Herrn Jesus und danket Gott, dem Vater, durch ihn."

Ich habe mich 14 Tage lang mit diesem Wort beschäftigt.

Und darüber ist mir aufgegangen, daß ich noch lange hier stände, wollte ich es nur annähernd erschöpfend auslegen. So kann ich nur zwei Rosinen herauspicken: Unsere Stellung in der Gemeinschaft und in der Welt.

1. Laß doch immer den Grund deines Lebens sehen!

Ich habe in den Alpen oft Wanderungen gemacht. Ganz besonders gefällt mir, wenn ein Brücklein über einen Bergbach führt. Gern stehe ich und schaue in das klare Wasser. Wißt ihr, wir wohnen an der Ruhr. Die sieht man nicht gern an, es ist soviel Dreck drin. Aber ein Berggewässer ist so klar, daß man, auch wenn es zwei Meter tief ist, die Kieselsteine auf dem Grund sehen kann. Da kommt auch mal Dreck heruntergeschwommen, ein Brett oder eine tote Katze oder was weiß ich. Aber man sieht immer den Grund.

So sollte es in einem Christenleben sein: Es kommt manches Böse heruntergeschwommen, aber man sollte immer die Grundlage sehen. Diese nennt Paulus hier: Erwählte Gottes, Heilige Gottes und Geliebte Gottes, berufen zum Frieden Gottes, weil Christus uns die Sünden vergeben hat.

Beim Betrachten dieses Bibelwortes ist mir etwas Merkwürdiges aufgefallen: Paulus will davon reden, was wir als Christen tun sollen in Familie, Beruf und Welt. Aber es ist geradezu, als wenn ihm immer der Füllfederhalter ausrutscht. Und er gerät immer wieder an das andere Thema: was Gott für uns getan hat in Jesus. Er will davon reden, was wir tun sollen. Aber er fängt an: Auserwählte Gottes, Heilige Gottes, Geliebte Gottes; euch hat Jesus die Sünden vergeben; zum Frieden Gottes seid ihr berufen. Versteht ihr, es ist immer, als wenn die Feder ausrutscht und er immer wieder auf sein Thema kommt: Mir ist Erbarmung widerfahren. Ich lebe von dem, was Gott für mich getan hat, als er seinen Sohn gab.

Ich möchte euch den Heiland am Kreuz noch einmal vor die Augen malen, ehe ihr auseinandergeht:

Mir ist Erbarmung widerfahren,
Erbarmung, deren ich nicht wert;
das zähl ich zu dem Wunderbaren,
mein stolzes Herz hat's nicht begehrt.
Nun weiß ich das und bin erfreut
und rühme die Barmherzigkeit.

Ich hatte nichts als Zorn verdienet
und soll bei Gott in Gnaden sein;
Gott hat mich mit sich selbst versühnet
und macht durchs Blut des Sohns mich rein.
Wo kam dies her? warum geschieht's?
Erbarmung ist's und weiter nichts!

Zum Frieden Gottes seid ihr berufen! Dabei ist mir wichtig geworden, daß es im Evangelium keine Gesetzlichkeit gibt: Du mußt, du mußt, du mußt! Da gibt es keine Moral, sondern Grundlage ist: Dein Heiland hat dich erkauft! Faß es doch endlich! In deinem Herzen soll nicht mehr der Teufel regieren, sondern der Friede Gottes. Faß es endlich! Stell dich auf diesen Grund, laß ihn überall im Alltag sehen:

Es wisse, wer es wissen kann,
ich bin des Heilands Untertan.

Habt ihr das verstanden? Laßt den Grund sehen!

Am liebsten möchte ich es euch ausführlicher darlegen. Doch die Zeit ist zu kurz. So will ich wenigstens ein Wörtlein herausnehmen: „Auserwählte Gottes!"

Ist das nicht wunderbar, daß wir Auserwählte Gottes sind! Man wirft uns heute, auch von seiten der Christen, vor, wir Pietisten sagten: „Wir sind unseres Heils gewiß. Wir wissen, daß wir Kinder Gottes sind, aus Gnaden, weil Jesus uns mit seinem Blut erkauft hat. Das haben wir angenommen." Man greift uns an: „Ihr wollt anders sein als andere. Das ist doch Pharisäismus!" Dann antworte ich: „Moment mal, die Pharisäer haben sich gerühmt mit dem, was sie getan haben. Das ist Pharisäismus, wenn man sich seiner eigenen Gerechtigkeit rühmt. Aber daß Gott mich erwählt hat vor Grundlegung der Welt und mich zu seinem Sohn gezogen hat, daß der Heiland für mich gestorben ist und daß ich es fassen darf durch den Heiligen Geist, er hat mich erkauft — dazu konnte ich nichts tun. Das ist mir geschenkt worden." Das ist kein Pharisäismus. Sondern ich darf darüber froh werden, daß ich ein Auserwählter Gottes bin.

Jawohl, Christen leben allerdings stolz daher, wenn sie sagen können: „Ich bin ein Auserwählter Gottes." Da regt die Welt sich auf, da gehen sie auf die Palme. Laßt sie oben sitzen! Wir wissen: Wir sind Erwählte Gottes!

Aber vielleicht bekommt auch mal einer Sehnsucht danach und seufzt: „Das möchte ich auch einmal sagen können, das ist ja wunderbar." Dann kann ich ihm fröhlich antworten: „Ja, auch du darfst es werden. Meinst du, der Heiland wäre nicht auch für dich gestorben? Komm auch du zu dieser Schar der Auserwählten Gottes. Er hat dich ja längst gerufen. Die Grenzen sind nicht zugeschlossen."

Ich habe so gern das Kindergebet:

Schenke, Herr, auf meine Bitte
mir ein göttliches Gemüte,
einen königlichen Geist.

Mich als dir verlobt zu tragen,
allem andern abzusagen,
was nur Welt und Sünde heißt.

Einen königlichen Geist! Ach, ihr lieben Geschwister, laßt uns nicht so einen kleinlichen Geist haben. Auserwählte Gottes! Laßt den Grund sehen!

Versteht ihr? Paulus will reden von dem, was wir tun sollen, und sagt auf einmal das, was Jesus für uns getan hat. Das ist die Moral vom Christentum: Laß den Grund sehen, daß du Begnadigter, Auserwählter, ein vom Heiligen Geist erleuchtetes Kind Gottes bist.

Gerade in diesem Zusammenhang ist ein Wort, mit dem Paulus schließt, so schön: „Alles, was ihr tut mit Worten oder mit Werken, das tut alles in dem Namen des Herrn Jesus."

Mir steht meine liebe Mutter vor Augen. Von ihr habe ich viel Unterricht im richtigen Christentum bekommen. Als alte Frau lebte sie noch in Hülben und bekam von allen Seiten oft Gäste. Ich mußte mich wundern, wie die alte Frau dies immer bewältigte. Darum fragte ich sie einmal: „Mama, wie machst du das?" Da hat sie lachend geantwortet: „Mein lieber Sohn, ich bin jetzt bereits so weit, daß ich ohne meinen Heiland keinen Pfannkuchen mehr backen kann." Das finde ich ein wundervolles Wort. Ich dachte: Das ist herrlich, mitten im Getümmel, alles, was ihr tut mit Worten oder Werken, das tut im Namen des Herrn Jesu. Jetzt schlag ich die Eier in die Pfanne als ein erlöstes Gotteskind mit königlichem Geist.

Den Grund sehen lassen im Alltag. Das ist der eine Punkt, den ich herausstellen wollte.

2. Ziehet an die Liebe!

Das ist der andere Punkt. Paulus schreibt: „Ihr Auserwählten Gottes, Heilige und Geliebte, zum Frieden Gottes Berufene, die ihr Vergebung der Sünden habt durch Jesu Blut, ihr sollt anziehen das Band der Vollkommenheit, also die Liebe."

Anziehen, das kommt zweimal in diesem Text vor: „So ziehet an herzliches Erbarmen . . . über alles ziehet an die Liebe . . ." Wenn ich einen Rock anziehe, dann bedeutet das, daß der Rock nicht eigentlich zu mir gehört. Meinen Kopf brauche ich abends nicht abzulegen. Aber der Rock ist etwas Fremdes, der gehört nicht zum natürlichen Menschen. Darf ich es einmal so sagen: Die Liebe wächst nicht im eigenen Garten. Sie ist etwas Fremdes, sie ist eine göttliche Kraft.

Wenn ich morgens aufstehe, bin ich recht froh, daß ich nicht erst den Schneider rufen muß, er soll mir einen Rock schneidern. Der Rock hängt da, ich brauche ihn nur anzuziehen. So ist die Liebe da, seit der Heiland in die Welt gekommen und ihm am Kreuz das Herz gebrochen ist. Sie ist da. Aber sie gehört nicht zum natürlichen Menschen. Sie liegt bereit, und ich darf sie anziehen.

Aber hüten wir uns vor der christlichen Selbsttäuschung! Ich kenne eine Frau, der ich auf die Nerven falle. Das kann ich gut verstehen. Ich falle mir selber auf die Nerven. Ihr euch doch hoffentlich auch! Weil die Frau christlich ist, weiß sie, man sollte sich liebhaben. So begrüßt sie mich immer ganz lieb, aber ihre Augen sind dabei eiskalt. Kennt ihr das? Das ist Heuchelei. Das ist schlecht, so eine christliche Liebesmaske aufzusetzen.

Nein, die Liebe gehört nicht von Natur zu uns. Wir müssen sie anziehen. Jetzt kann ich nur praktisch sagen, wie es aussieht. Und da muß ich noch einmal von meiner Mutter reden. Sie war mein bester Theologieprofessor! Als junger Pfarrer in Essen war ich in einem Kreis von lauter älteren, bedeutenden Leuten. Der Generationsunterschied war groß, und besonders einem Dr. Sowieso fiel ich auf die Nerven und er mir. Er war ein alter bedeutender Herr. Er hatte den Pfarrverein gegründet, das Pfarrerblatt redigiert und leitete nebenher eine Druckerei. Ich dagegen war ein junges unbeschriebenes Blatt. Wenn ich nun etwas vorschlug, war er dagegen, auch wenn ich recht hatte. Da sollte die Kinderkirche in den Ferien ausfallen. Ich sagte: „Das ist doch Unsinn. Es sind so viele Kinder in Essen, denen halte ich Kinderkirche." — „Nein, das darfst du nicht, du darfst es nicht anders machen. Das war immer so!"

Als ich einmal in meinen Ferien mit meiner Mutter unter den alten Buchen im Garten in Hülben saß, schüttete ich ihr mein Herz aus: „Mama, ich hab's doch so schwer. Da ist so ein alter Kollege, der . . . och dieser verknöcherte alte Mann." Und ich erwartete, daß meine Mutter sagte: Ach, mein armer Sohn! Aber nichts davon, sondern sie erklärte mir — ich fiel beinahe vom Stuhl, als sie es sagte —: „Da will ich den Heiland recht bitten, daß du den auch liebhaben kannst." Ich fuhr auf: „Mama, du kannst den Heiland bitten, daß ich schweigen kann und demütig bin..." Versteht ihr! Den andern ertragen, ja! Aber gleich liebhaben, das ist ein bißchen zuviel.

Und ich kann euch nur erzählen, wie es mir ergangen ist: Vielleicht acht Wochen später sehe ich in einer Versammlung zwei Reihen vor mir den alten Dr. Sowieso sitzen. Auf einmal muß ich denken: „Er ist doch ein recht einsamer Mann. Die meisten seiner Freunde sind tot. Und wieviel hat er im Leben geleistet!" Dann überkam mich ein herzliches Erbarmen. Eine ganz große Liebe zog in mein Herz. Ich kann sie gar nicht erklären. Als die Versammlung zu Ende war, stand er auf, wir sahen uns, und er kam auf mich zu. Ich merkte, daß es bei ihm genauso war. Er begrüßte mich und sagte: „Ach Bruder Busch, ich habe neulich gedacht, du bist noch so jung, und ich habe so viele Bücher. Du fängst erst an. Komm doch morgen mal und such dir bei mir ein paar schöne Bücher aus." Von da an begann unsere Freundschaft. Als er pensioniert wurde, saß er jeden Sonntag in meinem Gottesdienst. Und er wünschte, daß ich ihn nach seinem Tod beerdige. Theologisch vertrat er eine ganz andere Richtung, so daß es ein Erstaunen gab, als der junge Pfarrer Busch — ich war noch keine 30 Jahre alt — diese Beerdigung hielt. Aber ich hatte ihn liebgewonnen. Ich kann dies nicht anders erklären, als daß meine Mutter es erbetet hat.

So sollten wir es lernen: die Liebe anziehen. Wenn da einer ist, der mir auf die Nerven geht, hilft nur eins: Ich gehe in die Stille und sage: „Lieber Heiland, laß mich diesen Menschen liebhaben." Und wenn wir nicht ablassen, ihn darum anzugehen, dürfen wir das Wunderbare erleben: „Die Liebe Gottes ist ausgegossen in unser Herz."

Ich habe einmal einen bedeutenden Theologen gesprochen, als er gerade aus dem Gefängnis kam. Er erzählte mir davon, wie ein feindseliger Offizier ihn Nacht für Nacht gefoltert hätte. Und darüber sei er so böse geworden. Bis ihm auf einmal das Wort einfiel: „Über alles ziehet an die Liebe." Dann hat er gesagt: „Herr, du kannst nicht verlangen, daß ich diesen Menschen liebhabe. Aber wenn ich es tun soll, dann mußt du an mir ein Wunder tun." Und er erlebte, wie die Liebe Gottes in sein Herz ausgegossen wurde. Als er dem Peiniger in der nächsten Nacht gegenübersaß und angeblendet wurde, kam ein herzliches Erbarmen und eine Liebe zu dem Mann in sein Herz, daß jener aufsprang und nur sagte: „Was haben Sie für eine neue Tour?"

Jawohl, Christen haben die neue Tour! Meine Freunde, wir haben alle viel in Ordnung zu bringen, und zwar auf diese neue Tour!

Herzliches Erbarmen, das gilt auch gerade gegenüber den Menschen der Welt. Wir sind manchmal hochmütig. Wir können sogar pharisäisch sein.

Während des Krieges erzählte mir ein junger Freund ein kleines Erlebnis. In seiner Kasernenstube war es bekannt geworden, daß er ein Jesusjünger ist. Und da war es, als ob der Teufel los wäre. Die Kameraden haben gespottet. Besonders einer konnte sich nicht genug tun mit schmutzigen Zoten, ihn vom frühen Morgen an zu ärgern. Meinem Freund ist es schwer geworden. Er hat oft gedacht: Was ist das für ein verkommener Kerl; in welch einer anderen Atmosphäre dürfen wir Christen leben. Als der Kamerad eines Tages wieder loslegt, sagt mein Freund zu ihm: „Es ist schade um dich" — und geht weg. Nun läuft ihm der andere nach und fragt: „Was heißt, es ist schade um mich?" Der junge Mann erklärt: „Wie muß es in dir drin aussehen, wenn es so dreckig rausläuft. Und du warst zum Ebenbild Gottes erschaffen! Es ist schade um dich!" Und dann geht er wieder weg. Abends findet er ein paar Pralinen auf seinem Bett. Der Kamerad hat sie ihm hingelegt. Und kommt wieder und fragt: „Sag mal, was heißt das, es ist schade um mich?" Das wird der Anfang zu einem wundervollen Gespräch. Dieser

Kamerad wird zum Frieden Gottes berufen; er darf den Heiland erkennen und die Vergebung seiner Sünden ergreifen. Es war der Anfang einer Erweckung in der Kasernenstube. Hätte mein Freund ihn angeschimpft oder gesagt: „Du bist ein verkommener Bursche", er hätte sicher nichts erreicht. Aber das herzliche, vom Heiland geschenkte Erbarmen mit dem Sünder überwindet die Welt.

Es wäre noch viel zu sagen. Nehmt aber einmal diese beiden Punkte mit:

Laßt den Grund unseres Lebens sehen! Wir sind Auserwählte Gottes, durch Jesus erkaufte und erlöste Gotteskinder.

Ziehet an die Liebe! Laßt euch vom Heiland Liebe schenken zu den Menschen, die euch am allermeisten auf die Nerven fallen.

Jetzt wollen wir dran stehenbleiben und dran fortmachen. Der Herr ist treu!

(Ansprache beim Gemeinschaftstag 1966
am Pfingstmontagnachmittag in Bad Liebenzell.)

Leben mit Jesus im Beruf:
Wahrhaftigkeit -
heute eine Überforderung?

Meine Freunde, ich kenne Sie nicht. Darum muß ich einfach eine Frage an Sie richten: Lügen Sie? Oder sind hier Leute, die sagen können: Ich lüge nicht!? Wir müssen diese Frage beantworten. Lügen wir gegen Gott?

Sie haben ein Konfirmationsgelübde abgelegt. Haben Sie es gehalten? Oder haben Sie gelogen? Lügen Sie gegen sich selbst? Wie oft passiert es, daß wir von irgendeiner Sache wissen, sie ist böse, aber wir nennen sie gut. Damit lügen wir uns selber an. Oder wir lügen andere an. Der Schüler den Lehrer, oder die Eltern, oder den Chef; der Mann die Frau usw. Wenn hier Leute sind, die nicht lügen, die dürfen jetzt ein bißchen einschlafen, denen habe ich nichts zu sagen, oder sie können den Saal verlassen. Steht niemand auf? Schläft niemand ein? Dann sind wir alle Lügner. Wir sind hier eine Lügenversammlung oder vielmehr eine Lügnerversammlung.

Das Thema, ob Wahrhaftigkeit eine Überforderung ist in der heutigen Zeit, ist sehr wichtig und aktuell. Wir müssen es zunächst in einem größeren Zusammenhang sehen und von der Bibel her beleuchten.

Stellen Sie sich einen einsamen, hohen Berg vor. Der erhebt sich irgendwo in der Wüste, in der Steppe. Todeinsam. Da steht unser Heiland, der Sohn Gottes, und sieht ins Land. In das Land, in dem er nun seine irdische Tätigkeit beginnen will. Auf einmal steht einer neben ihm: der Teufel. Ich weiß nicht, ob Sie wissen, daß es einen Teufel gibt. Ich verstünde die Welt nicht, wenn ich nicht wüßte, daß es einen Teufel gibt. Nur ein Beispiel: Ist *ein* Mensch in der Welt, der den Krieg will? Und doch brechen wir zusammen unter Lasten für die Aufrüstung. Wir vergehen vor Angst. Wer macht denn das? — Oder: Tun Sie, was Sie wollen? Nein! Daran merken wir: Ich kann die Welt nicht verstehen, wenn ich nicht weiß, es gibt einen Teufel. — Auf einmal steht also neben Jesus der Teufel. Der vom Himmel Gekommene und der aus der Hölle Gekommene treffen sich auf dem Berg. Der Teufel ist ein großer Zauberer. Er zeigt dem Herrn Jesus die ganze Welt. Es heißt in der Bibel: „Er zeigte ihm alle Reiche der Welt und ihre Herrlichkeit." Er schiebt Vorhänge zurück, und Jesus sieht herrliche Städte und Schlösser. Der Teufel retuschiert; er zeigt ihm keine Schlachtfelder oder Gefängnisse, sondern die Welt und ihre Herrlichkeit. Dann auf einmal — ich höre ihn förmlich — richtet sich der Teufel auf und sagt: „Dies alles ist mir übergeben, und ich gebe es, wem ich will."

Jetzt würde ich erwarten, daß der Sohn Gottes aufbegehrt und sagt: „Du bist ein Angeber, du bist ein Lügner, das ist doch gar nicht wahr." Aber Jesus widerspricht ihm nicht. Jesus erkennt an, daß dem Teufel alles übergeben ist. Wir müssen wissen, daß wir in einer Welt leben, in der der Teufel das große Wort hat. Vielleicht erwartet hier jemand, daß ich ihm gut zurede, er solle ein bißchen weniger schwindeln oder so. Davon halte ich nichts. Weil wir nämlich in der Welt sind, wo der Teufel regiert und uns die Lüge auf die Lippen legt, uns zur Unreinigkeit zwingt, zum Morden, zum Kriegführen und zu allem, was Gott nicht will. Das ist schauerlich, daß der Teufel unwidersprochen sagen kann: „Dies alles ist mir übergeben." Dieser „Gott der Welt" — so nennt ihn die Bibel einmal — von dem sagt Jesus: „Er ist nicht bestanden in der Wahrheit, denn die Wahrheit ist nicht in ihm. Wenn er die Lüge redet, dann redet er von seinem Eigenen, denn er ist ein Lügner und der Vater der Lüge." Sehen Sie, darum ist die Welt voll Lüge, weil der Herr der Welt der Oberlügner ist.

Wenn wir jetzt hier abstimmten, wer ganz ehrlich sein will, dann würden alle die Hand heben: Ich möchte ganz wahrhaftig sein, ich möchte selbstlos sein, ich möchte strahlend sein, ich möchte liebevoll sein — — und wer kann es halten? Spüren Sie etwas von der Macht der Finsternis in Ihrem Leben? Der Vater der Lüge verpestet die Welt mit Lüge. Angefangen bei den kleinen Kindern, auch sie schwindeln schon. Oder denken wir an die öffentlichen Informationsmittel, da ist doch heute fast alles Beeinflussung.

Nun passen Sie gut auf: Der Teufel sagt, „es ist mir alles übergeben". Damals hat ihm keiner widersprochen. Und heute — wenn der Teufel heute auftritt und sagt: „Alles ist mir übergeben", dann stehen in allen Völkern und Nationen und Rassen Gotteskinder auf und sagen: „Wir nicht mehr! Das ist vorbei, uns hat Jesus erkauft mit seinem Blut zum Eigentum Gottes."

Meine Freunde, können Sie das mitrufen: „Wir sind dem Teufel nicht mehr übergeben, wir sind von Jesus erkauft worden!"?

Jetzt möchte ich das Kreuz Jesu vor Ihre Augen malen. Gehen Sie hin nach Golgatha. Sehen Sie im Geist den Mann mit der Dornenkrone. Da zahlt er ein Lösegeld für Sie, für mich. Ich habe den Vers so gerne: „Auch mich, auch mich erlöst er da. Für mich gab er sein Leben dar, der ich von seinen Feinden war."

In dem Moment, wo wir uns zu Jesus bekehren, an den Sohn Gottes glauben, erleben wir eine Existenzveränderung. Glaube ist nicht bloß, daß ich andere Gedanken habe, sondern Glaube ist eine Existenzveränderung. Man kommt vom Vater der Lüge und seinem finsteren Reich in das Reich des Sohnes Gottes, in das Reich der Wahrheit. „Er hat uns errettet von der Obrigkeit der Finsternis und versetzt in das Reich seines lieben Sohnes." Ist das bei Ihnen der Fall?

Bitte, verstehen Sie, Wahrhaftigkeit ist eine Überforderung für einen unbekehrten Menschen, der in der Welt lebt, wo der Teufel das Regiment hat. Aber ein Mensch, der Jesu Eigentum geworden ist, für den ist das keine Überforderung, sondern für ihn ist Wahrhaftigkeit eine Forderung, eine Notwendigkeit.

Wenn wir Jesus gehören und lügen aus irgendeinem dummen Grund, machen wir uns dann klar, daß wir in dem Augenblick unseren Heiland verlassen haben und übergelaufen sind ins Lager des Feindes? In das Lager dessen, der der Vater der Lüge ist. Ich kann als Jünger Jesu nur Leid tragen über jede Lüge, als ob ich einen Mord begangen hätte. Vom Morden handelt das fünfte Gebot. „Du sollst nicht falsch Zeugnis reden" liegt auf der selben Ebene. Für einen, der durch Jesus erlöst ist, ist jede Lüge ein Überlaufen zum Teufel, genau wie wenn er gemordet hätte. Wer in das Licht des Herrn Jesus gekommen ist, ist in eine neue Welt gekommen, in eine Welt der Wahrhaftigkeit.

Die Bibel hat oft merkwürdige Aussprüche. In Gottes Wort steht nämlich nicht: Du mußt die Wahrheit sagen, sondern es heißt: die Wahrheit *tun*. Das kann ich nur verstehen, wenn ich weiß, ich bin durch die Erlösung Jesu in eine neue Welt gekommen, wo das ganze Wesen Wahrhaftigkeit ist.

Oder die Bibel gebraucht das Wort: „Wer dem Heiland gehört, der wandelt im Licht." Warum lügen wir denn? Um irgend etwas zu verstecken. Da ist lauter Dunkelheit. Wenn ich im Licht wandle, kann jeder kommen und sehen, was los ist. Wieviel verheimlichen wir. Das ist alles Verrat an dem, der uns erkauft hat. Deshalb spricht die Bibel ganz klar und deutlich: „Leget die Lüge ab und redet die Wahrheit, ein jeglicher mit seinem Nächsten" (Eph. 4, 25) oder „Belüget einander nicht; denn ihr habt ja ausgezogen den alten Menschen mit seinen Werken und angezogen den neuen" (Kol. 3, 9 u. 10).

Ich muß Ihnen da zwischendurch eine Geschichte erzählen, die ich sehr gern habe.

Gerhard Tersteegen, der Dichter des Liedes „Ich bete an die Macht der Liebe", war Bandwirker in Mülheim an der Ruhr. Er hatte in der Nähe von Velbert ein Bauernhaus geschenkt bekommen und da so eine Art Kloster für junge Leute eingerichtet. Jeden Monat einmal ritt er nun hin und besuchte die Brüder. In dem Bericht heißt es: „Er ritt auf einem frommen Rößlein" — so nannte man früher ein Pferd, das nicht gleich jeden runter wirft. Wie Tersteegen einmal durch den Wald reitet, da fallen ihn plötzlich ein paar Wegelagerer an. So sieben Halbsoldaten kommen aus dem Wald und treten Gerhard Tersteegen in den Weg. Sie brüllen ihn an; aber Tersteegen reitet weiter, als wenn ihn das nichts anginge. Da springt einer von den Burschen ihm in den Weg, packt sein Pferd, das fromme Rößlein, am Zügel und brüllt den Reiter an: „Zum Teufel, hat Er nicht gehört, Er soll stehenbleiben." Doch da streift Tersteegen völlig unerschrocken die Hand des Gesellen vom Zügel weg und sagt ganz gelassen: „Mir hat der Teufel nichts mehr zu sagen!" Und dann reitet er weiter.

Als ich diesen Bericht las, mußte ich denken: Das ist ein stolzes Wort der Kinder Gottes, die unterm Kreuz von Golgatha gestanden sind und wissen, daß die Erlösung Jesu keine Scheingeschichte ist, sondern eine ganz große Realität, daß sein Blut wirklich rein macht von aller Sünde, daß sein Tod Ketten sprengt, daß ich's annehmen darf mit Dank und eingehen in das Reich Gottes, in das Reich der Wahrhaftigkeit. „Mir hat der Teufel nichts mehr zu sagen. Mir hat jetzt der Heilige Geist zu sagen."

Wir sprechen von der Lüge. Ich könnte jetzt von allen Sünden reden. Aber gerade die Lüge, das ist besonders ernst. Es gibt eine Geschichte in der Bibel, die konnte ich lange nicht verstehen. Bis es mir aufging, wie schrecklich unserem Gott die Lüge ist, auch eine kleine Lüge. Es geschah in der ersten Christenheit, wo der Herr durch seinen Geist alles noch viel deutlicher machte als bei uns heute. Da lebte ein Mann namens Barnabas, der verkaufte ein Gütchen und gab das Geld einfach für die Gemeinde. Großzügig. Und jeder sagte: Der Barnabas, das ist doch ein Kerl, der opfert was! Da war auch ein Ehepaar, Ananias und Saphira. Die wollten unter den Brüdern auch einmal groß dastehen. Nun hatten sie einen Acker — wahrscheinlich waren sie schon alt und konnten ihn gar nicht bestellen — so verkauften sie ihn also für einige tausend Mark. Dieses Geld wollten sie für die Gemeinde opfern. Doch auf einmal sagte wohl die Saphira: „Weißt du, lieber Ananias, eigentlich müßte ich mir ja noch ein neues Kleid anschaffen." — „Na ja, nehmen wir ein paar hundert Mark da runter. Dann kann ich mir auch noch einen neuen Anzug kaufen", sagte Ananias. „Aber nicht von der Stange, denn wir brauchen ja nicht sparen." Und dann fiel ihnen noch verschiedenes ein, und sie nahmen einiges von dem Geld weg. Mit dem Rest gingen sie zu den Aposteln und sagten: „Der Barnabas hat ein so großes Opfer gebracht, jetzt haben wir auch einen Acker verkauft und bringen euch das *ganze* Geld." War das denn eine so große Lüge, daß sie von den Unkosten geschwiegen haben? Sie sagten: Das ganze Geld. Freilich, sie hatten einen erheblichen Teil weggenommen. Aber wenn ich der Petrus gewesen wäre, hätte ich wahrscheinlich gesagt: „O so ein großes Geschenk. Kommt, ich gebe euch eine Spendenbescheinigung, daß ihr's beim Finanzamt absetzen könnt." Und ich bin überzeugt, daß jeder Pfarrer an jeder Kirche so gehandelt hätte. Wir hätten anerkannt, daß es ein großes Opfer sei.

Doch nun kommt das, was ich früher einfach nicht verstehen konnte: Petrus entgegnet: „Du sagst, das ganze Geld hast du gegeben, Ananias?" — „Ja, das ganze Geld." Da antwortete Petrus: „Warum lügst du dem heiligen Gott? Du brauchtest doch überhaupt nichts zu opfern. Und als du den Acker verkauft hattest, war es dir völlig freigestellt, nur die Hälfte zu opfern. Warum lügst du?"

In diesem Augenblick fällt der Mann um und ist tot. Und seiner Frau geschieht dasselbe. Sie werden nacheinander hinausgetragen und begraben. — Als Junge habe ich oft gedacht: Das war doch keine große Lüge, und sie haben sie verbunden mit einer guten Tat. Ausgerechnet in der ersten Gemeinde geschah das, wo die Gnade Jesu besonders gerühmt wurde! Bis ich auf einmal begriff: Unserem Gott ist die kleinste Lüge ein entsetzlicher Greuel, weil das ein Überlaufen zum Teufel ist.

Noch eine zweite Bibelstelle. Kennen Sie das letzte Kapitel der Bibel? Ich kann es nur mit einem surrealistischen Gemälde vergleichen. Da wird die zukünftige neue Welt geschildert. Wenn diese Welt einmal vergeht, dann schafft Gott einen neuen Himmel und eine neue Erde; das wird ganz herrlich sein. Nun schildert die Offenbarung in Kapitel 22 die Herrlichkeit dieser neuen Welt in Bildern, die man sich gar nicht vorstellen kann. Es gibt so viel Wunderbares darin, wenn ich davon lese, ist es mir, als ob ich in ein ganz helles Licht hineinschaue, das mich blendet. Zu dieser herrlichen Welt hat mich Jesus erkauft und berufen, da möchte ich hin. Da will jeder hin. Jesus hat sein Blut vergossen, um auch dich dahin zu bringen. Doch wenn ich das Kapitel lese und in das helle Licht sehe, bekomme ich stets einen Schock. Denn mitten in dem Kapitel steht: „Aber draußen sind . . . die liebhaben und tun die Lüge!" Draußen!

Jesus hat einmal seinen Zuhörern ein erschütterndes Bild vor Augen gemalt: Der Bräutigam kommt zur Hochzeit und einige Brautfräuleins sind nicht bereit. Wie sie dann später kommen, klopfen sie an die Tür: „Tu uns auf!" Doch da wird ihnen gesagt: „Ich kenne euch nicht." Das kann einem eine schlaflose Nacht bereiten. Ja, ich wünsche Ihnen, Sie könnten heute nacht mit zehn Schlaftabletten nicht schlafen, weil Ihnen Gott vor die Augen stellt, daß man auch „draußen" sein kann. Die Gnade Jesu ist keine billige Ware, sondern sie verschafft uns den Eintritt in das Reich der Wahrheit.

(Ansprache bei der Eröffnungsversammlung
der CVJM-Ostertagung in der Stadthalle
in Bad Windsheim.)

Das merkwürdige Verhalten aller Beteiligten am Ostermorgen

„Als aber der Sabbat um war und der erste Tag der Woche anbrach, kam Maria Magdalena und die andere Maria, das Grab zu besehen. Und siehe, es geschah ein großes Erdbeben. Denn ein Engel des Herrn kam vom Himmel herab, trat hinzu und wälzte den Stein ab und setzte sich darauf. Und seine Erscheinung war wie der Blitz und sein Kleid weiß wie Schnee. Die Hüter aber erschraken vor Furcht und wurden, als wären sie tot. Aber der Engel hob an und sprach zu den Frauen: Fürchtet euch nicht! Ich weiß, daß ihr Jesus, den Gekreuzigten, suchet. Er ist nicht hier; er ist auferstanden, wie er gesagt hat. Kommt her und sehet die Stätte, da er gelegen hat; und gehet eilend hin und sagt es seinen Jüngern, daß er auferstanden sei von den Toten. Und siehe, er wird vor euch hingehen nach Galiläa; da werdet ihr ihn sehen. Siehe, ich habe es euch gesagt. Und sie gingen eilend vom Grabe mit Furcht und großer Freude und liefen, daß sie es seinen Jüngern verkündigten. Und siehe, da begegnete ihnen Jesus und sprach: Seid gegrüßt!" Matthäus 28, 1—9a

Meine Predigt hat drei Teile:

Die Soldaten werden von dem Engel merkwürdig behandelt

Der Engel wird von den Frauen merkwürdig behandelt

Die Frauen werden von Jesus merkwürdig behandelt

I. *Die Soldaten werden von dem Engel merkwürdig behandelt*

Da kommt dieser Bote Gottes wie ein Blitz, als wenn eine Atombombe einschlüge, und wälzt die Riesenplatte vom Grab weg. Die Hüter sehen, daß Jesus glorreich herauskommt aus dem Tod, dann fallen sie in Ohnmacht. Wenn bei uns einer ohnmächtig wird, kommt alles gesprungen zur Hilfe. Hier fallen ein paar Soldaten in Ohnmacht, und der Engel kümmert sich überhaupt nicht drum. Ist Ihnen das aufgefallen? Im Text steht: „Die Hüter wurden, als wären sie tot. Aber der Engel sprach zu den Frauen . . ." Der Engel läßt die Hüter einfach liegen, er kümmert sich gar nicht um sie. Ist das nicht merkwürdig? Im Himmelreich sollte es doch liebreich zugehen. Und der Engel kümmert sich nicht um diese Ohnmächtigen. Verstehen Sie das? Als die Hüter wieder zu sich kamen, liefen sie in die Stadt und verkündigten: „Er lebt! Er lebt!" Sie sagten es auch den Hohenpriestern. Doch die gaben ihnen Geld genug — das wird eine anständige Summe gewesen sein —, damit sie nicht davon redeten. Sie nahmen das Geld und — schwiegen.

Meine Freunde, die Bibel sagt, daß der lebendige Gott redet. Sein letztes Wort ist *Jesus*, der Gekreuzigte und Auferstandene. Im Hebräerbrief heißt es: „Nachdem vorzeiten Gott manchmal und auf mancherlei Weise geredet hat . . . hat er am letzten geredet durch seinen Sohn." Jesus ist Gottes letztes Wort an die Welt. Wer den nicht annimmt, dem haben die Engel und Gott nichts mehr zu sagen. Der kann Geld kriegen, der kann ohnmächtig werden. Gott hat ihm nichts mehr zu sagen. Es sind Leute hier, die haben den Sohn Gottes noch nicht aufgenommen als ihren Heiland. Ich warne Sie. Dann hat Ihnen Gott in Zeit und Ewigkeit nichts mehr zu sagen. Das ist die Hölle. Die Hölle ist der Ort, wo man alles tun darf; aber Gott sagt Ihnen nichts mehr. Die Hüter, die ohnmächtig im Garten lagen, hatten Gottes letztes Wort, den Sohn, nicht angenommen.

Kürzlich war ich zu einem Besuch in Rom. Da ging ich auch hinaus an die Via Appia; das ist die alte römische Straße, die aus Rom hinausführt. Da marschierten schon die römischen Legionen, da zogen die Händler mit ihren Waren nach Rom hinein. Das alte Pflaster ist noch da. In einer kleinen Gastwirtschaft setzten wir uns im Freien hin. Als der Wirt kam, sagte ich zu meinen Begleitern: So etwa stelle ich mir einen der römischen Soldaten vor, die am Grabe Jesu gewacht hatten. Er hatte Geld bekommen; damit konnte er in Rom eine kleine Gastwirtschaft eröffnen. In der Nähe der Via Appia. Sicher dachte er: „Das hat sich gelohnt." Bald kamen Händler und Legionäre und kehrten ein — so denk ich mir's —, und immer mehr sprachen sie von Jesus. Das war Stadtgespräch. Da sagt auf einmal einer zum Wirt: „Hör mal, du warst doch damals in Jerusalem. Wie war denn das?" — „Och", sagt der, „er ist natürlich tot. Das ist alles Schwindel." Und er weiß es besser! Er lebt ein Leben lang und weiß genau: Ich lebe falsch!

Meine Freunde, Sie wissen, daß Jesus lebt. Gott bewahre Sie davor, daß Sie den Kriegsknechten gleichen und nicht die einzige Konsequenz ziehen: Er soll jetzt mein Heiland sein!

II. *Der Engel wird von den Frauen merkwürdig behandelt*

Wenn ich einen Engel träfe, bekäme ich wahrscheinlich einen Herzinfarkt. Sogar die römischen Soldaten, die auf vielen Schlachtfeldern gekämpft hatten, sind ohnmächtig geworden. Und die Frauen, Maria Magdalena und Maria, sind überhaupt nicht beeindruckt: Ein Engel kann uns nicht imponieren; wir wollen Jesus! Es kommt mir fast vor, als ob der Engel ein bißchen beleidigt wäre und sagt: „Ich weiß, ihr sucht gar nicht mich. Ihr sucht Jesus, den Gekreuzigten. Fürchtet euch nicht, ihr braucht keine Angst zu haben. Ich weiß, es geht euch um Jesus." Das finde ich herrlich, wenn einem nichts anderes mehr imponieren kann als Jesus. „Ich muß Jesus finden." Das sind die hungrigen Herzen, die nach dem Reich Gottes verlangen. Das sind die, die hungern und dürsten nach der Gerechtigkeit; denen kein Pfarrer genügen kann, den Heiland wollen sie. Sind Sie solche Leute? Oder lassen Sie sich mit kleinerem abfinden?

Zu dem großen Prediger Spurgeon kam nach einem Gottesdienst ein junger Mann und sagte: „Ich will mich auch zu Jesus bekehren, aber erst später." — „Später", fragt Spurgeon, „warum später?" — „Ja", meint der junge Mann, „ich will vorher noch etwas vom Leben haben." Da antwortet ihm Spurgeon: „Was sind Sie für ein anspruchsloser Mann, daß Sie etwas vom Leben haben wollen. Als ich ein junger Mann war, wollte ich *das* Leben haben. Dann begegnete mir Jesus, der sagt: ‚Ich bin das Leben. Ich bin gekommen, daß sie das Leben und volle Genüge haben sollen.'"

Ihr lieben jungen Leute, es ist zu wenig, wenn ihr etwas vom Leben haben wollt. Seid nicht so anspruchslos! *Das* Leben müßt ihr haben!

Es ist heute Mode, von Jesus zu reden. Aber die meisten meinen einen anderen, die meinen nicht den Sohn Gottes. Sie meinen einen, der Mensch war, einen, der ein Rebell war. „Nein, nein", sagen die Frauen, „wir wollen Jesus, der am Kreuz für uns starb. Hier findet unser Gewissen Ruh." — „Ich kann keinen Tag leben", sagt Maria Magdalena, „wenn ich nicht an den glauben kann, der sieben Teufel von mir ausgetrieben hat, mir Vergebung der Sünden geschenkt hat und Frieden mit Gott. Das Lamm Gottes, das der Welt Sünde und meine Sünde trägt, den muß ich haben." Und sie suchen den Auferstandenen, nicht einen, der verzweifelte, sondern den, der heute lebt und hier ist.

Ich vergesse nicht, wie einer meiner jungen Freunde einmal in unserem Jugendhaus sagte: „Am Samstagabend kommt im Fernsehen immer ein ‚Wort zum Sonntag'. Das ist mir zu wenig. Ich brauche ein Wort zum Montag, zum Dienstag, zum Alltag." Und dieses Wort habe ich. Jesus spricht: „Ich bin bei euch alle Tage." Seht ihr, *den* Heiland haben die Frauen gesucht. Das Lamm Gottes, den Freund und Helfer im Alltag, den Auferstandenen.

III. *Die Frauen werden von Jesus merkwürdig behandelt*

Die Bibel kann so herrlich sprechen: „Ein Engel des Herrn kam vom Himmel herab, trat hinzu und wälzte den Stein ab und setzte sich darauf." Ich sehe den Engel so richtig freudig und triumphierend auf dem Grabstein sitzen. Der Tod konnte den Heiland nicht im Grabe halten. Das erfüllt den Engel mit Freude. Und dann kommen die Frauen und er darf ihnen die schöne frohe Botschaft sagen: „Jesus ist auferstanden, ja wirklich, er ist auferstanden." Außerdem hat er den Frauen noch den Befehl Jesu weiterzugeben: „Gehet eilend hin und sagt es seinen Jüngern — und dann müßt ihr nach Galiläa gehen, da werdet ihr ihn sehen." Galiläa lag im Norden des Landes. Dahin wollte Jesus vor ihnen hingehen.

Die Frauen laufen weg vom Grab. Sie sind wenige Schritte gegangen — da begegnet ihnen: Jesus.

Warum hat Jesus das getan? Warum wirft er den eigenen Plan um? Er wollte doch die Frauen erst in Galiläa sehen zusammen mit den Jüngern. Und nun kommt er direkt vor den Garten des Joseph von Arimathia. Ich weiß nicht, ob bloß wir beleidigt sind. Aber wenn ich der Engel gewesen wäre, ich wäre bleich geworden. Da hat er nun den Auftrag ausgerichtet und den Frauen gesagt, sie würden Jesus in Galiläa sehen. Und nun steht Jesus da.

Am liebsten wollte ich jetzt eine Umfrage machen: Warum wirft Jesus seinen eigenen Plan um? Was meinen Sie? Ich weiß nur eine Antwort: Sein liebendes Herz hält es nicht mehr aus, so lange zu warten. Es zieht ihn zu den Jüngern und zu den Frauen hin. Er kann nicht mehr warten, bis sie nach Galiläa gehen. Darum eilt er ihnen entgegen und wirft seinen eigenen Plan um. So ist mein Heiland! Er hält es nicht aus, es treibt ihn zu uns. Welch große Liebe ist das.

Meine Freunde, das wünsche ich Ihnen, daß Sie etwas spüren von dieser Liebe des Heilandes, der alle Pläne umwirft und uns geradezu bedrängt, bis wir sprechen:

Ich bete an die Macht der Liebe,
die sich in Jesus offenbart;
ich geb mich hin dem freien Triebe,
wodurch ich Wurm geliebet ward;
ich will, anstatt an mich zu denken,
ins Meer der Liebe mich versenken.

(Osterfestgottesdienst in der Stadtkirche
in Bad Windsheim.)

Geht es auch ohne Jesus?

Ich möchte dazu eine Geschichte aus der Bibel erzählen, die mir ganz besonders groß erscheint. Der Herr Jesus hatte zu vielen Menschen gesprochen. Und dann sagte er ein unsagbar hartes Wort: So, wie ihr seid, und wenn ihr noch so christlich angestrichen seid, könnt ihr nicht ins Reich Gottes kommen.

Es ist dieselbe Linie wie: Es muß ein Mensch von neuem geboren werden.

Nun stehen hinten in der Reihe ein paar junge Burschen auf und sagen: „Das geht zu weit"; sie drehen sich um und gehen. Und drei Freunde gehen mit. Das sehen einige Mädchen, die sagen: „Die Jungen gehen, dann gehen wir auch." Eine alte Oma sieht das und denkt: „Es scheint zu Ende zu sein", und sie humpelt davon. — Die Bibel erzählt das nicht so ausführlich, sie sagt: Die Leute gehen weg. Auf einmal ist nur noch Jesus mit seinen zwölf Jüngern übrig. Ich würde erwarten, daß Jesus jetzt die Jünger beschwört: „Bleibt ihr bitte noch hier; das war Treibholz, aber ihr seid nicht so." Doch was tut mein Herr? Er sieht, wie die Jünger den Massen nachschauen, und dann sagt er: „Ihr dürft auch gehen. Wollt ihr nicht auch weggehen? Bitte!"

Es gibt im Reich Gottes keinen Zwang. Wer in die Hölle laufen will, darf das. Und wer die Gebote Gottes mit Füßen treten will — bitte, es hindert dich niemand. Wenn du den Heiland nicht annehmen willst, darfst du ohne ihn leben. Aber mach dir auch klar, daß du in Ewigkeit ohne ihn sein wirst. Und das ist die Hölle.

Für die Jünger stand damals alles auf des Messers Schneide. Petrus kalkuliert: Wohin . . . ins Vergnügen? oder der Pflicht leben? . . . oder . . . und dann sieht er seinen Herrn an und es fährt ihm heraus: „Herr, wohin sollen wir gehen? Es lohnt sich ja gar kein Weg ohne dich. Du hast Worte des ewigen Lebens und wir haben geglaubt und erkannt, daß du bist der Christus, der Sohn des lebendigen Gottes."

Die Massen leben ohne Jesus. Das geht offenbar. Petrus sagt: Es geht nicht. Die Massen werden durch Jesus immer wieder einmal beunruhigt. Es ist ja augenblicklich merkwürdig, daß Illustrierte, Fernsehen und Rundfunk dauernd von Jesus reden. Diskussionen über Jesus. Das ist Mode. Kürzlich sagte mir ein Kellner in einem Restaurant: „Wissen Sie, ich glaube ja nichts; aber im ‚Spiegel' habe ich über Jesus gelesen, das war sehr interessant." Da antwortete ich: „Wenn ich mich über Jesus orientieren wollte, würde ich nicht den ‚Spiegel' fragen und nicht sonst eine Illustrierte, sondern ich würde das Neue Testament lesen. Ich würde an die Quelle gehen."

Liebe Freunde, man kann eine Zeitlang vielleicht ganz gut ohne Jesus auskommen. Bis zu dem Augenblick, wo unser Leben an die Abgründe kommt. Wehe, wer dann keinen Heiland hat. Wer sagt, „es geht auch ohne Jesus" oder so tut, der hat keine Ahnung, welche Abgründe das Leben hat. Alle modernen Weltanschauungen sind gut bei Sonnenschein. Aber wenn Sturm kommt, wenn Abgründe sich auftun, dann ist es schrecklich, Jesus nicht zu kennen.

Ich möchte euch ein paar Abgründe zeigen. Ein Abgrund tut sich zum Beispiel vor uns auf, wenn uns die Frage aufgeht: Wozu bin ich eigentlich auf der Welt? Goethe hat an diese Frage getippt, als er in seinem Alter sagte: „Wenn ich die Minuten zusammenzähle, in denen ich wirkliches Behagen gespürt habe" — er meint wirklich tiefes Glück —, „dann kommen nicht drei Tage zusammen." Da rührt er an die Frage: Wozu bin ich eigentlich da? Für mein Volk? Oder für meine Arbeit?

Du kannst ohne Jesus leben, wenn du wie ein Tier dahinlebst und arbeitest und dir keine Gedanken machst, wozu du da bist. Aber in dem Moment, wo du fragst: Wozu bin ich da? kann dir keiner Antwort geben als der Sohn des lebendigen Gottes. Die Bibel sagt uns eindeutig: Wir sind auf der Welt, um Kinder des lebendigen Gottes zu werden. Du wirst es nur durch den, der mit seinem Blut dich mit Gott versöhnt hat; der am Kreuz hängt, um das Lösegeld zu bezahlen; der die Dämonen überwindet, damit du ein Kind Gottes wirst. Nur Jesus macht dich zum Kind Gottes. Dein Leben bleibt sinnlos, solange du nicht ein Kind des lebendigen Gottes geworden bist.

Oder ich will einen anderen Abgrund nennen. Da muß ich leider ein Fremdwort gebrauchen. Es gibt im Griechischen ein Wort, das spielt in den griechischen Tragödien eine große Rolle. Dieses Wort heißt „moira", man kann es eigentlich gar nicht übersetzen. Die „moira" ist das schreckliche Geschick, das über einen Menschen hereinrollt und den stärksten zerbricht.

Als ich heiratete, sagte ich zu meiner jungen Frau: „Du, wir wollen sechs Söhne haben; die sollen Posaunen spielen!" Ich stelle mir's so herrlich vor: einen Posaunenchor im eigenen Haus. Mein Bruder hat's dann gehabt. Ich hatte nur zwei Söhne. Und beide sind schrecklich umgekommen. Ich komme da nie drüber weg. An der Stelle habe ich's gespürt, was die Griechen meinen: es kann ein

Geschick geben, wo es ganz dunkel um einen wird, wo man die Hand Gottes gar nicht mehr sieht; wo der Mensch in Not kommt: Wie kann Gott das tun? Wer dann den Herrn Jesus nicht hat, dem fehlt jeder Halt.

Ich will euch ein ganz modernes Beispiel berichten, und zwar von dem amerikanischen Schriftsteller Ernest Hemingway. Hemingway, das war so ein Urkerl, so wie wir sein möchten. Groß wie ein Jäger, dreimal mit dem Flugzeug abgestürzt und immer noch mit dem Leben davongekommen; ein Seemann und Großverdiener mit einem Haus in Florida, in Miami, in Kalifornien usw. In seinen Büchern hat er auch mit Vorliebe „richtige" Männer geschildert; Stierkämpfer zum Beispiel, die mit dem Tode spielen, das war sein Ideal. Oder so ein Seemann, der sich mitten im tosenden Ozean noch wohl fühlt. Hemingway fürchtete keinen Gott und keinen Teufel; für ihn gab's keine Gesetze in punkto Eros und Sexus, er nahm, was er wollte. Eines Tages eröffnete der Arzt diesem Mann, daß er Krebs habe. Jetzt konnte der Urkerl zeigen, was es ist, gegen die „moira", gegen das Geschick sich zu stemmen. Aber er konnte es nicht. Er nahm das Jagdgewehr und erschoß sich. Es hat mich selten etwas so erschüttert wie der Selbstmord von Hemingway. Da geht einem mit einemmal auf: man kann ein Kerl sein, aber es gibt Abgründe, die wir nicht mehr überspringen können. Da zerbricht der Mensch. Es sei denn, er kann auf den Mann am Kreuz sehen und sagen: Du hast ein Lösegeld für mich Sünder bezahlt, durch dich bin ich losgekauft für Gott, ich bin in der Finsternis geborgen in den Händen Gottes.

Genau in der gleichen Zeit starb meine alte Mutter an Krebs. Sie hatte Zungenkrebs, wobei die Oberlippe abfiel. Meine Schwester pflegte sie. Als ich sie besuchte —

sie konnte nicht mehr sprechen — faltete Mutter die Hände und zeigte nach oben: Ich bin geborgen!

Du kannst groß reden: es geht auch ohne Jesus. Warte nur ab, wenn's über dich hereinbricht; dann werden dir die großen Worte vergehen. Im Dritten Reich habe ich viele singen hören: „Das kann doch einen Seemann nicht erschüttern . . ." Als dann alle unsere Städte zusammenbrannten und die Leute im Keller umkamen, da sah ich auch die Seeleute erschüttert. Da verging ihnen das Singen.

Ja, es geht ohne Jesus, solange die Sonne scheint und der Weg glatt ist.

Laßt mich noch einen weiteren Abgrund aufzeigen:

Seht, ich war junger Offizier im Ersten Weltkrieg. Ich brauchte keinen Jesus. Ich war ein guter Reiter und hatte mit 18 Jahren die Führung einer Batterie. Da brauchte ich doch Jesus nicht. Wenn der Militärpfarrer kam, dann lächelten wir: Sündenabwehrkanone und so. Ich war fertig mit Gott. Freilich, der Krieg war schrecklich; aber für einen jungen Mann war das auch ein Abenteuer. Und hinter der Front war's erst recht ein Abenteuer.

Aber dann kam die Stunde, die ich nie vergesse, wo sich der Abgrund vor mir auftat. Das war, als neben mir ein Freund, dem ich noch etwas sagen wollte, plötzlich tot vom Pferd fiel. Ein Splitter hatte ihn getroffen — ich hatte es nicht einmal gemerkt. Wir standen eigentlich in Bereitschaft, wir sollten erst eingesetzt werden. Es schoß bei uns nur ab und zu. Das nahmen wir gar nicht ernst. Und jetzt war mein Freund tot. Da überfiel mich plötzlich die Frage: „Wenn du jetzt den nächsten Schuß kriegst — wo bist du dann?" Ich wußte auf einmal: dann stehe ich vor Gott. Da brauchte ich keinen Pfarrer dazu. Ich war ganz allein. Und ich dachte: „Kann ich denn vor Gott stehen?" Ich weiß noch, wie ich anfing aufzuzählen: Ich bin doch tapfer und kämpfe für mein Vaterland, ich bin nicht schlechter als andere . . . und es war, als wenn Gott mir entgegendonnerte: „Und deine Sünden?!" Da tat sich der Abgrund auf, als ich plötzlich wußte: Ich kann mit meinen Sünden nicht vor Gott bestehen; wenn ich jetzt einen Schuß kriege, dann komme ich in die Hölle.

Durch diese Stunde müssen wir alle einmal gehen. Da ist der Abgrund.

Ich stieg auf mein Pferd, faltete die Hände auf dem Sattelknopf und betete zum erstenmal: „Lieber Gott, laß mich nicht fallen, ehe ich . . ." Ja, ich wußte nicht was. Ich ging damals zu einem Prediger, zum Militärpfarrer, doch der verstand es gar nicht. Er meinte: „Herr Leutnant, wer fürs Vaterland stirbt, der stirbt wohl." Ich sagte: „Sie wissen ja auch nicht, wie man selig werden kann" und ging wieder weg. Ich stand mutterseelenallein. Da hab ich gefragt: „Wie macht man das? Wie komme ich mit Gott in Ordnung?" Ein Vierteljahr lang habe ich die Hölle durchwandert. Ich wußte, wenn ich einen Schuß kriege, dann verwirft mich Gott mit Recht. Dann kann ich nie mehr zu ihm kommen, nie mehr, nie mehr! Da hatte ich zum erstenmal Angst in meinem Leben.

Dann kamen wir in Ruhestellung. Und ehe es wieder an die Front ging, sagte ich zu meinem Burschen, wir wollten mal meinen Koffer aufräumen. Das war ein großer Koffer, der immer bei der Bagage blieb. Wir kippten ihn einfach um, und da lag obendrauf ein schwarzes Büchlein, eine Bibel. Die hatte meine Mutter beim letzten Urlaub in den Koffer geschmuggelt. Leise sagte ich meinem Burschen, er solle alleine weiterpacken. Ich nahm das Büchlein — ich wußte nicht, wo anfangen, wo aufhören —

und blätterte darin. Da blieb mein Auge an einem Wort hängen: „Jesus Christus ist gekommen in die Welt, die Sünder selig zu machen." Diese Stunde vergesse ich nie. Es war, als wenn's vor mir einschlüge: Sünder, das bin ich! Selig werden — ich wußte nicht genau, was das ist —, aber das wollte ich. Und wenn Jesus Christus Sünder selig machte, mußte ich Jesus finden!

Aber wie macht man das? Weit und breit war kein Mensch, der mir das sagen konnte. Doch der Abgrund war aufgetan. Ich hatte Angst, in die Hölle zu kommen, schreckliche Angst.

Habt ihr das schon einmal gehabt? Wenn die Leute heute lauter Problematik aus dem Christentum machen, dann sage ich: ihr habt noch nie den Schrecken Gottes gefühlt.

Ich mußte Jesus haben. Wir waren damals auf dem Rückmarsch. Die Division hielt wegen Verkehrsstauung. Da stand ein zerschossenes Bauernhaus am Wege. Ich ging darauf zu, ob ich irgendwo noch einen Stuhl fände, um mich ein Weilchen zu setzen. Und in dem Augenblick ging es mir auf wie ein ganz helles Licht: Jesus lebt ja! Ich kann doch mit einem Lebenden sprechen. Wenn Jesus lebt, dann brauche ich ihm nur zu sagen, daß ich gerne selig werden möchte.

Bis dahin war das alles nur Theorie. Aber nun: Ich stürzte in das Bauernhaus — es war verlassen —, riegelte von innen die Tür zu, fiel auf meine Knie und betete zum erstenmal in meinem Leben richtig. Etwa so: „Herr Jesus, ich hab begriffen, daß du jetzt da bist. Du bist der einzige, der Sünder selig macht. Ich bin ein Sünder; ich möchte selig werden. Hier, jetzt, heute, ich möchte ein Kind Gottes werden. Herr Jesus, ich gebe mich dir." Ich erinnere mich, wie ich sagte: „Herr Jesus, ich kann dir nichts versprechen, ich habe einen sehr labilen Charakter. Aber hier bin ich."

Von dem Moment an habe ich einen Herrn gehabt. Und er hat angefangen, mich zu führen. Ich wollte nie Pastor werden. Er hat mich geführt, daß ich Pastor wurde.

Ihr lieben Freunde: Geht es ohne Jesus? Es geht ohne ihn, solange sich die Abgründe nicht auftun. Aber wenn der Abgrund deiner eigenen Schuld und des Zornes Gottes sich auftut und du siehst: Ich bin ein verlorener Mensch, dann ist Jesus die einzige Hilfe.

Wenn hier Leute sind, die sagen: Ich will nicht mehr länger ohne Jesus leben, ich will es nicht riskieren, ich kann es gar nicht riskieren . . . dann fange an, jeden Tag eine Viertelstunde im Neuen Testament zu lesen; nimm zuerst das Johannesevangelium vor. Falte die Hände — Jesus lebt ja! —, sage ihm, was du auf dem Herzen hast. Und suche Leute, die unter allen Umständen den selben Weg gehen. Das sind die drei wichtigen G: Gebet — Gemeinschaft — Gottes Wort.

Geht es auch ohne Jesus? Für ein 08/15-Leben geht es. Und wenn du Glück hast, kannst du das ganze Leben wandern, ohne daß sich Abgründe auftun. Dann hast du gelebt wie ein anständiges Pferd und fährst in die Hölle. Doch wenn Gott dir gnädig ist, dann lernst du das Leben so kennen, wie es ist, daß die Abgründe sich auftun, daß dir deine Verlorenheit aufgeht, daß du nach dem Sinn des Lebens fragen mußt, daß dir plötzlich die Schwere des Sterbens aufgeht. Und dann weißt du: Es geht nicht ohne Jesus!

(Ansprache bei der Hauptversammlung der CVJM-Ostertagung in Bad Windsheim.)

Leben mit Jesus - Gerufen zum Dienst

Wenn Sie ins Neue Testament hineinschauen, dann fällt Ihnen auf, wie Leute, die von Jesus gerufen wurden, die zum Glauben kamen, sofort in den Dienst traten. Nehmen Sie den Apostel Paulus. Sie kennen hoffentlich die Geschichte: Jesus begegnet ihm bei Damaskus. Er wird niedergeworfen. Er erkennt: mein Leben war verkehrt. Drei Tage ist er blind und in großer innerer Not. Dann kommt Ananias und zeigt ihm Jesu Kreuz: „Hier ist Vergebung, hier ist Versöhnung." Paulus glaubt und bekehrt sich, er läßt sich taufen. Und alsbald fängt er an und predigt in den Synagogen, daß Jesus der Messias sei.

Alsbald! Bei uns meint man immer, wenn einer von Jesus zeugen wolle, dann müsse er dazu ausgebildet sein. Ich sage nichts gegen eine Ausbildung, aber ich meine: Fang doch einfach an, auch ohne Ausbildung. Es ist nicht so, daß nur die Funktionäre etwas für Jesus tun sollen, sondern jeder, der ihm gehört. Darum möchte ich dich fragen: Tust du etwas für Jesus?

Daß man für Jesus etwas tut, das gehört für einen Jünger Jesu dazu wie das Atmen. Wenn ihr mir die Luft abdreht, dann ersticke ich innerhalb einer halben Minute. Wenn einer, der seinen Herrn und Heiland gefunden hat, nichts für ihn tut, dann erstickt das geistliche Leben. Ich erinnere mich, wie wir mal in unserem Jugendkreis über einen jungen Mann sprachen, der vor einiger Zeit zum Glauben gekommen war. Da meinte einer der Jugendlichen: „Mit dem wird's nichts." Ich fragte: „Wie kannst du das sagen?" Darauf antwortete er: „Der tut ja nichts für Jesus. Diese Bekehrung war keine Bekehrung, sonst würde es ihn drängen, etwas für Jesus zu tun." Da war ich platt, daß er das so schroff sagte. Aber dann machte mir der junge Mann klar, daß das „Tun" zum geistlichen Leben gehört wie's Bibellesen und das Gebet.

Was tust du für Jesus? Bist du noch so eine Type, der man alle 14 Tage nachlaufen muß? Oder bist du in der Reihe der Streiter? Sonst geb ich nicht viel um deinen Christenstand.

Zweitens: Voraussetzung für einen Dienst ist, daß man Jesus gehört. Es ist unmöglich, daß in christlichen Kreisen junge Leute mitarbeiten, deren geistliche Stellung zwar höchst zweifelhaft ist, aber sie meinen es gut. Sie sind Aktivisten und reißen alles an sich; und das geistliche Leben im ganzen Verein geht schief. Ich muß da kurz eine kleine Geschichte erzählen. Als ich schon lange Jahre in Essen war und eine schöne große Jugendarbeit hatte, wurde von der Kirchenleitung ein zweiter Jugendpfarrer nach Essen versetzt. Der sollte dem etwas altmodischen Busch klarmachen, wie moderne Jugendarbeit aussieht. Er fing an und machte Partys mit und ohne Alkohol, Tanzkreise usw. Das ging rund, die Presse berichtete. Er hatte aber auch nebenher noch den Kindergottesdienst in seiner Gemeinde zu besorgen. Nun kam er eines Tages bei mir an und sagte: „Busch, ich habe gar keine Kinder-gottesdiensthelfer und -helferinnen. Könntest du mir nicht ein paar abtreten?" Ich entgegnete: „Mann, du hast doch so große Kreise. Da wird doch wohl einer sein?" — „Nein", sagte er, „kein Mädchen und kein junger Mann." — Ich glaube, wir müssen ganz altmodisch von Jesus und von Bekehrung zu Jesus reden, wenn auch nur der geringste Jungschar- oder Kindergottesdienstmitarbeiter herauskommen soll.

Das ist die Frage, die ich immer an moderne Jugend-
arbeiten habe: „Wie viele Leute kommen denn raus, die
etwas für Jesus tun?" Es kommt ja nicht darauf an, daß
wir junge Leute unterhalten mit einem Bombenprogramm,
sondern darauf kommt es an, daß Leute herauskommen,
die dem Herrn gehören und für ihn etwas in dieser arm-
seligen Welt tun. Dazu muß einer vom Heiland berufen
sein. Und deswegen muß Jesu Stimme in unserem Kreis
ertönen!

Noch ein anderes Beispiel: Ein junger Mann, Jurastudent,
kommt in meinem Jugendgottesdienst zum Glauben. Er
studiert in Freiburg, wohnt aber außerhalb. Regelmäßig
besucht er den Gottesdienst. Da predigt eines Tages der
Pastor im Schweiße seines Angesichtes über den Text
„Die Ernte ist groß, aber wenige sind der Arbeiter". Er
führt aus: Das ist ein Elend in unseren Gemeinden, daß
der Pfarrer alles tun muß, es gibt keine Mitarbeiter, nur
ein Ein-Mann-System. Das geht dem jungen Mann so
ans Herz, daß er nach dem Gottesdienst in die Sakristei
geht und sagt: „Herr Pfarrer, ich stehe zum Dienst zur
Verfügung." Doch da wird der Pfarrer bleich und antwortet: „Ja, offen gestanden, damit habe ich nicht ge-
rechnet. Ich weiß auch gar nicht, was ich mit Ihnen anfangen soll. Es ist alles so organisiert, daß ich alles
mache."

Seht, das ist typisch für unsere Kreise. Wenn einer sich
bekehrt und zum Dienst zur Verfügung steht, gibt es
keine Tätigkeit mehr für ihn, weil alles schon in festen
Händen ist.

Doch dem Pfarrer in der Freiburger Gegend kommt plötzlich die Idee: „Frau Soundso hält den Kindergottesdienst,
vielleicht könnten Sie da mithelfen."

Der junge Mann steigt ein; er nimmt eine Jungengruppe. Und eines Tages entdecke ich, daß bei Freiburg eine große Jugendarbeit entstanden ist, einfach weil ein junger Mann Jesus gefunden hat.

Es ist herrlich, wenn geistliches Leben aufwacht und sofort auch die Tätigkeit für Jesus beginnt.

Ein weiteres mutmachendes Beispiel: Der Mann, von dem ich rede, ist nun bereits verheiratet und hat Kinder. Während seiner Gesellenzeit als Automechaniker war er bei mir Gruppenleiter. In seiner Werkstatt wurde jeden Montagmorgen losgelegt: „Was hast du gestern gemacht?" — „Mit Mädchen losgegangen." — „Und du?" — „Eine Autofahrt." — „Und du?" — „Ich war im Weigle-Haus bei Pastor Busch!" — „Och, der liest die Bibel" . . . und dann ging der ganze Spott los. Sie machten das lächerlich, ein Christ zu sein. Aber Gustav betete. Er sagte sich: Ich muß die ganze Werkstatt für Jesus erobern. „Herr, zeige mir offene Türen", das war sein Gebet. — Da war ein Lehrling, der war so gehemmt. Gustav sprach mit ihm, bezeugte ihm den Heiland und brachte den Jungen mit ins Weigle-Haus. Bald kam der zweite. Und später erzählte mir der Chef der Firma: „Hier ist die Hälfte der Gesellen im CVJM, alle Lehrlinge gehen ins Weigle-Haus, und es wagt keiner mehr eine Zote zu sagen."

Wenn du erst mal die Fahne für Jesus hissest, wenn du ihn bekennst, dann fängt ER selber an zu arbeiten.

Jetzt muß ich als drittes etwas einschieben, was nicht ganz zum Thema paßt. Aber es ist sehr wichtig.

Wenn ich junge Leute als Gruppenleiter in die Jugendarbeit berief, dann kam immer ein seelsorgerliches Gespräch. Das verlief stets in der selben Linie. „Pastor

Busch, ich muß Ihnen ganz offen sagen, mit meinem Christenstand stimmt's noch nicht." — „Stimmt nicht? Betest du nicht?" — „Doch, selbstverständlich." — „Liest du nicht die Bibel?" — „Ich habe jeden Morgen meine stille Viertelstunde." — „Und was stimmt dann nicht? Ist Jesus nicht für dich gestorben?" — „Doch." — „Nun, was stimmt denn nicht?" — „Da ist die und die Sünde, mit der werde ich nicht fertig. Ich komme mit meinen Eltern nicht klar. Sexuelle Fragen. Oder irgendwie. Pastor Busch, als ich mich bekehrte, habe ich der Sünde den Krieg angesagt. Und jetzt sehe ich, daß ich sie noch nicht überwunden habe. Und darum tauge ich nicht zu diesem Amt."

Weil hier mancher unter uns ist, der sich mit dieser Frage herumschlägt, darum möchte ich kurz darauf eingehen. Ein Jünger Jesu ist kein sündloser Mensch. Ich freue mich auf den Himmel, wo wir — so heißt's in der Bibel — ihm gleich sein werden, ohne Sünde. Aber hier auf Erden plage ich alter Mann mich noch jeden Tag mit der Sünde herum.

Ein Jünger Jesus ist nicht ein Mann ohne Sünde, sondern ein Jesus-Jünger ist einer, der eine neue Stellung zur Sünde hat. Jemand sagte einmal: „Vorher bin ich der Sünde nachgelaufen, jetzt läuft die Sünde mir nach."

Ich mache mir das gern an der Geschichte vom verlorenen Sohn klar. Der war bei den Schweinen. Da schlug er in sich, ging nach Hause und sagte: „Vater, ich habe gesündigt." Und der Vater nahm ihn wieder auf. Er bekam ein neues Gewand, einen Fingerreif und neue Schuhe; es wurde ein Festmahl gehalten, ein Freudenmahl. So, und jetzt phantasiere ich ein bißchen: Am nächsten Morgen kommt der verlorene Sohn zum Frühstück. Der Tisch ist gedeckt. Die Kaffeekanne steht bereit. Kaffeetasse, Zucker und Milch sind vorhanden. Das war er von den Schweinen nicht gewöhnt. Darum ist er ein bißchen hilflos. In seiner Tappeligkeit läßt er die Kaffeekanne fallen, sie geht kaputt und der ganze Kaffee läuft auf den Teppich. In dem Moment kommt der Vater in die Stube. Sagt jetzt der Vater zu seinem Sohn: „Du lebst ja schweinemäßig, gehe nur wieder zu den Schweinen?" Nein, der Vater sagt: „Mein lieber Sohn" — denn angenommen, ist angenommen! —, „du mußt noch eine Menge lernen. Hier benimmt man sich nicht so. Du mußt das alte ablegen. Da wirst du lange dran zu lernen haben."

Wenn du dem Heiland deine Sünde bekennst, darfst du glauben: Er hat mich erkauft. Dann gehörst du ihm. Das wird dir der Heilige Geist in deinem Herzen bezeugen. Wenn dann doch wieder alte Sünden aufbrechen, stimmt das traurig. Aber du darfst wissen: Ich bin immer noch Jesu Eigentum. Nach jeder Niederlage bete folgende drei Sätze: 1. Ich danke dir, daß ich dir noch immer gehöre, denn du hast mich erkauft. 2. Herr, ich bekenne dir diese Sache. 3. Mache du mich ganz frei und heilige du mein Leben.

Seht, ihr braucht keine Heuchler zu sein. Wer für Jesus etwas tun will, ist noch nicht über alle Sünden hinweg. Das sind wir nicht, das bin ich nicht. Was meint ihr, was ich mich jeden Tag noch mit meinem Jähzorn und anderem herumzuschlagen habe. Dr. Humburg hat's einmal so schön ausgedrückt: „Vor meiner Bekehrung habe ich fahrplanmäßig gesündigt; jetzt ist jede Sünde ein Eisenbahnunglück." Ein Christ ist nicht mit der Sünde fertig, aber er hat eine neue Stellung zur Sünde bekommen. Früher war sie ihm lieb; jetzt ist sie sein Feind und er haßt sie.

Wenn wir etwas für den Herrn tun, tun wir es nicht als vollkommene Leute, sondern als solche, die jeden Tag den Mann von Golgatha brauchen, der mit seinem Blut uns reinigt und fähig macht, anderen zu dienen.

Viertens. Im Dienst für Jesus kommt's nicht darauf an, daß du Erfolg hast. Jesus hat gesagt: „Ihr habt mich nicht erwählt, sondern ich habe euch erwählt, daß ihr hingeht und" ... Erfolg habt? Nein, „Frucht bringt." Wenn ich eine Evangelisation hätte mit drei Leuten und sonst lauter leere Bänke, und zwei kämen zum Glauben, dann hätte ich mehr erreicht als wenn bei 20 000 Zuhörern alle sagen: „Ein großartiger Redner", und nicht einer tut Buße. Auf die Frucht kommt es an. Ob etwas erfolgreich ist oder nicht, danach fragt Jesus nicht, sondern er fragt, ob ich treu bin. Jesus will keine Schaumschläger, sondern Leute, die verlorenen und verkommenen Seelen nachgehen. Es kommt nicht auf den Erfolg an, sondern auf die Frucht.

Es ist eine der schönsten Geschichten im Neuen Testament: Jesus schickt seine Jünger aus, sie sollen Teufel austreiben, Kranke heilen. Sie ziehen aus und kommen ganz begeistert zurück. „Herr", sagt einer, „das ist 'ne Masche, in deinem Namen auszuziehen." Und der andere fügt hinzu: „Es sind uns sogar die Teufel untertan in deinem Namen. Kranke haben wir geheilt, Teufel ausgetrieben..." Da antwortet ihnen Jesus — und wischt die ganze Geschichte vom Tisch: „Darüber freut euch nicht. Freuet euch aber, daß eure Namen im Himmel geschrieben sind."

Mein Bruder, meine Schwester, ist dein Name im Himmel geschrieben? Ich habe immer schrecklich Angst vor den Statistiken im Reich Gottes. So und so viele Be-

sucher waren da, so viele Briefmarken haben wir ver-
klebt, so viele Briefe geschrieben. „Ach“, sagt Jesus,
„komm, laß, freut euch nicht darüber. Freut euch, daß
eure Namen im Himmel geschrieben sind.“

Es geht um Frucht. Und Frucht bringen nur Leute, die
Reben am Weinstock sind.

Damit bin ich beim nächsten Punkt: Ich kann Jesus nur
dienen, wenn er mich selbst bevollmächtigt.

Ich will euch hier ein Beispiel erzählen. Anfang der drei-
ßiger Jahre gab's so viele Arbeitslose. Da kamen jeden
Morgen 500 bis 600 junge Männer in mein Jugendhaus.
Katholiken, Juden und Judengenossen, Kreter und Ara-
ber, was man sich denken kann. Die einen wollten Mathematik, die anderen Sprachen lernen, damit die Arbeits-
losigkeit sinnvoll wurde. Einmal in der Woche war Welt-
anschauungsstunde. Da bezeugte ich das Evangelium und
anschließend war Diskussion. Am Schluß faßte ich nochmals alles zusammen. Nun, es waren Nazis und Kommu-
nisten und alles da, ich mußte immer sehen, daß sie sich
nicht die Köpfe einschlugen. Es war damals eine auf-
regende Zeit. Wenn sie losschlagen wollten, sagte ich:
„Moment mal, wir sind hier eine Universität, hier wird
nur mit geistigen Waffen gekämpft, nicht mit Gummi-
knüppeln.“

Nun war wieder einmal so eine Diskussion. „Der Kom-
munismus rettet die Welt.“ — „Nein, Hitler rettet die
Welt.“ Es gab tausend Ansichten und tausend Meinun-
gen. Von den Christen, die auch da waren, meldete sich
immer nur mein Freund Fritz zu Wort. Fritz war ein
prima Kerl. Aber er zählte nicht gerade zu den Begabte-
sten unter uns. Er war lieb aber umständlich. Ich dachte:
Das ist doch unmöglich, Fritz kann doch nicht reden.

Ist denn keiner von den anderen Burschen anwesend, der auch äußerlich was darstellt und reden kann. Doch unentwegt meldet sich Fritz. Schließlich kann ich's nicht mehr übersehen. Fritz geht zum Podium — er stolpert natürlich, als er nach vorne geht. Dann steht er oben und — so was hab ich noch nie erlebt — sagt vielleicht fünf Sätze. Er sagt ein Zeugnis. Auf die Diskussion geht er gar nicht ein. Kurz schildert er: Der Sohn Gottes hängt am Kreuz. Die Erlösung wird Wirklichkeit. Ihr müßt erst dahin gekommen sein, ehe ihr etwas Neues wirken könnt. Ihr könnt die Welt nicht verändern, wenn ihr nicht verändert seid.

Das hat eingeschlagen wie ein Blitz. Auf einmal hat keiner mehr den Mut, den Mund aufzutun. Die Diskussion ist zu Ende, einfach zu Ende. Mein Fritz hatte vorher die ganze Zeit an seinem Platz gesessen und innerlich geschrien: „Herr, gib mir ein Wort. Rede Du!" Und dann redete ER und benützte den Fritz als Werkzeug. Da mußte ich denken: Wenn ich jetzt einen von meinen gewandten Burschen dagehabt hätte, wäre wahrscheinlich gar nichts rausgekommen. Aber Fritzens Wort hat ihnen allen den Mund gestopft. Daran ging mir auf: Es kommt nicht auf unsere Gewandtheit an und nicht auf unsere Begabung, wenn wir dem Herrn dienen, sondern darauf kommt es an, ob ich mich in der Stille von ihm ausrüsten lasse mit seinem Heiligen Geist. Darum leben Leute, die etwas für Jesus tun wollen, in der Stille. Sie brauchen die erste Viertelstunde Stille am Morgen für die Bibel und zum Gebet.

Weiter: Es gibt Leute, die wollen etwas für Jesus tun mit ihrem Zeugnis. Und sie fallen nur unangenehm auf. In der Offenbarung steht: „Ich habe vor dir gegeben eine offene Tür." Du kannst nichts für Jesus tun, wenn er nicht die Tür aufschließt. Wenn ich Hausbesuche machte oder seelsorgerliche Gespräche hatte, bat ich immer erst: „Herr, schließe mir auch die Tür auf. Führe du mich da hin, wo die Tür offen ist. Leite mich."

Neulich hörte ich von einem jungen Mädchen, einer Chefsekretärin. Sie war furchtbar eifrig für Jesus. Bei einer Party, zu der sie eingeladen war, fing sie an und hielt eine große Predigt. Das ging völlig daneben; alles amüsierte sich. Sie hatte nie gefragt: „Hat mir der Herr hier eine Tür aufgetan?"

Als ich kürzlich im Zug unterwegs war, saß mir eine junge Dame gegenüber. Wir kamen ins Gespräch. Ich fragte nach ihrem Beruf. Sie wollte es erst nicht sagen. Doch dann verriet sie: „Ich bin Mannequin. Aber was sind Sie?" — „Ich bin Pfarrer; Pfarrer Busch aus Essen." Plötzlich fragte Sie: „Sagen Sie mal, ich las kürzlich ein Buch von Billy Graham, da hatte ein Pfarrer Busch die Einleitung geschrieben. Sind Sie das zufällig?" — „Ja, das bin ich." — „O da müssen wir einmal darüber reden." Und auf einmal sehe ich ein suchendes Menschenkind, das durch ein Buch von Billy Graham aufgewühlt war und nicht wußte, wie es weitergeht. Wir hatten das herrlichste Gespräch. Später erfuhr ich von meinem Neffen, der in der Textilbranche tätig ist, daß er in seiner Firma manchmal Vorführungen macht und am Schluß schenkt er den Mannequins immer ein Buch von Billy Graham.

Da ging mir auf, was eine offene Tür ist. Wenn ich mit einem Menschen sprechen will, muß Gott vorher die Tür aufgetan haben. Darum gibt es keinen Dienst für Jesus, wo ich nicht gesandt bin, wo ich nicht zuerst mit ihm gesprochen habe, wo ich nicht von ihm beauftragt bin.

Man erklärt heute: Die Welt will nicht mehr unser Zeugnis hören, wir müssen mit unserem Leben das Christentum bezeugen. Es gibt ganze Freizeiten, wo kein Gotteswort gesagt wird, weil es heißt: Mit unserem Leben wollen wir bezeugen, nicht mit Worten.

Da kann ich nur laut lachen und sagen: Das müssen aber großartige Christen sein, die sich anheischig machen, mit ihrem Leben zu überzeugen. So hoch schätze ich mich nicht ein. Ich weiß, daß ich im Gegenteil ein Anstoß bin. Wenn ich den Leuten nicht mit meinem Munde vom Heiland sage, dann kommen sie nie darauf. Was ist das für ein Hochmut, wenn einer sagt: Ich will mit meinem Leben die anderen überzeugen. Du gibst jeden Tag nur Anstoß! Aber du darfst mit deinem Munde von dem zeugen, der Sünder annimmt und sie heiligt. Natürlich wollen wir mit unserem Leben auch bezeugen, daß wir Gotteskinder sind; aber wehe uns, wenn wir nicht den Mund auftun und es weitersagen: Du brauchst den Heiland.

Man sagt heute: Wir haben mit unserem Leben im Sozialdienst der Welt ein Zeugnis abzulegen. Da möchte ich euch zum Schluß auf den Stephanus in der Bibel hinweisen. Er war einer der Armenpfleger, also Sozialbeamter in der Gemeinde. Dieser Stephanus redete so deutlich von Jesus, daß sie ihn steinigten. Stephanus wußte, ich habe Liebesdienste zu tun; aber mein Herr fordert auch das Zeugnis mit dem Mund von mir.

Helfe euch der Herr, daß ihr seine Zeugen seid, die Deutschland erfüllen mit dem Namen Jesus!

(Ansprache am Ostermontag 1966 in der Stadthalle Bad Windsheim.)

Von der Vitalität eines richtigen Christen

„Meine Seele verlangt und sehnt sich nach den Vorhöfen des Herrn; mein Leib und Seele freuen sich in dem lebendigen Gott.

Denn der Vogel hat ein Haus gefunden und die Schwalbe ihr Nest, da sie Junge hecken: deine Altäre, Herr Zebaoth, mein König und mein Gott."

Psalm 84, 3 und 4

1. *„Mein Leib und Seele freuen sich in dem lebendigen Gott"*

Wunderlich, nicht? Wenn es da hieße: „Die Seele freuet sich", dann könnten wir das noch verstehen. Aber „Leib"? Der Psalmist will sagen: Der ganze Mensch, von der Haarspitze bis zum Fußzehen, freut sich im lebendigen Gott. Dieses Wort spricht von der Vitalität eines richtigen Christen.

Ich wurde einmal aufgefordert, in einer Staatsbauschule einen Vortrag zu halten über das Thema „Warum sind die Menschen so langweilig?". Fast wäre ich dabei an der Überlegung hängengeblieben, daß die Menschen wirklich unsagbar langweilig sind. Wie froh war ich, daß ich weiter ausführen konnte: Erst wenn ich tatsächlich eine Wiedergeburt erlebe, durch den Eingriff Gottes in mein Leben ein Kind Gottes werde, dann hört die Langeweile auf.

Es gibt eine *geistliche Vitalität*. (Es gibt auch natürliche Vitalität.) In Maleachi 3 z. B. heißt es: „Ihr werdet aus- und eingehen und hüpfen wie die Mastkälber." Ich denke an David, der vor der Bundeslade hergesprungen ist, daß seine Frau Michal ihn verachtet hat. Oder an Paulus, der im Gefängnis schreibt: „Freuet euch in dem Herrn allewege! Und abermals sage ich: Freuet euch!", der mit Silas, geschlagen und gegeißelt, im untersten Kerker anfängt, um Mitternacht Loblieder zu singen: Da spürt man etwas von der geistlichen Vitalität eines wiedergeborenen Christen. Und dies meint der Psalmist, wenn er sagt: „Mein Leib und Seele — der ganze Mensch — freuen sich in dem lebendigen Gott."

Wenn ich diesen Satz lese, den ich unendlich liebe, dann kommt es mir vor, als spüre ich etwas von dem Glanz der ersten Schöpfungstage vor dem Sündenfall: Wie die ganze Schöpfung, aus der Hand Gottes hervorgegangen, ihm zujauchzt! Und dann der erste Mensch die Augen aufschlägt, als er ihm seinen Odem einbläst! Da war es sicher so: „Mein Leib und Seele freuen sich in dem lebendigen Gott."

Inzwischen ist der Sündenfall geschehen. Und wir sind in einer Welt, in der der Teufel regiert und wo die Menschheit abmarschiert ist vom lebendigen Gott. Da gibt es dann auch keine Freude!

Aber es gibt in dieser gefallenen Welt eine Gemeinde Jesu Christi, eine wiedergeborene Gemeinde. Und bei der bleibt dieses Lob, das vor dem Sündenfall da war, bestehen: „Mein Leib und Seele freuen sich in dem lebendigen Gott."

Kürzlich hat mich beim Lesen die Geschichte von der Hagar in der Wüste gepackt: Wie sie sich verläuft und der

Herr ihr einen Brunnen zeigt, daß sie trinken und ihrem Kind Wasser geben kann. Sie nennt den Brunnen: „Du, Herr, siehest mich!" Da spürt man etwas davon: Er lebt wirklich, er ist da, und er nimmt sich meiner an. Ganz real! Er hat meine kleine armselige Verlorenheit gesehen. Deshalb: „Mein Leib und Seele freuen sich in dem lebendigen Gott."

Das durchzieht die ganze Bibel, bis hin zur Offenbarung in der neuen Welt. Lesen Sie mal die letzten Kapitel der Offenbarung, wo die Rede ist von der neuen Welt, wo keine Sünde und kein Tod und kein Leid mehr ist. Da ist es Wirklichkeit: „Mein Leib und Seele freuen sich in dem lebendigen Gott."

Darf ich das Wörtchen dabei unterstreichen, auf das alles ankommt: *Lebendiger* Gott!

Sehen Sie, die Welt kann viel von Gott reden, aber nicht vom lebendigen Gott. Die Propheten spotten schon darüber, daß die Heiden selbstgemachte Götter haben: „Sie haben Augen und sehen nicht, sie haben Ohren und hören nicht. Sie sind aus Holz und Stein." Die moderne Welt hat auch ihre selbstgemachten Götter. Auch die christliche Welt.

Da ist ein Buch erschienen von einem englischen Bischof Robinson: „Honest to God", in deutscher Sprache: „Gott ist anders". Dieser englische Bischof sagt, daß das natürlich auch ein Mythos sei, die Vorstellung eines jenseitigen Gottes, der außerhalb der Welt stehe. Er kommt dann zu der Definition: „Gott ist die Tiefe des Daseins." Können Sie sich etwas darunter vorstellen? Nein? Ich auch nicht! Verstehen Sie: Das ist kein lebendiger Gott!

Oh, ich habe sehr oft den Eindruck, daß man sogar in unseren Bibelstunden von Gott reden kann — und es sind gar nicht der Schrecken und die Freude darüber, daß Er wirklich da ist und wirklich lebt. Das ist das unheimliche, daß wir die Worte „Gott" und „Gottes-Begriff" und alles brauchen können, aber daß nicht die Begegnung mit dem lebendigen Gott dahintersteht.

Freuen kann ich mich nicht an einem „Gottes-Begriff". Die „Tiefe des Daseins" macht mich nicht glücklich. „Mein Leib und Seele freuen sich in dem *lebendigen* Gott."

Dies hat der Mathematiker Pascal, der große Geist, so wundervoll ausgedrückt: Er hat in seinem Rock eingenäht — man fand es nach seinem Tod — eine Art Bekenntnis gehabt, das so anfängt: „Gott, nicht der Philosophen und Gelehrten Gott, sondern der Gott Abrahams, Isaaks und Jakobs." Nicht „der Philosophen und Gelehrten Gott" — das wäre ein Begriff, ein Gottes-Begriff, ein Dogma, eine Lehre. Sondern „der Gott Abrahams, Isaaks und Jakobs", der gehandelt hat, der geredet hat, der hineingewirkt hat in Menschenleben — der, der ist gemeint!

Bitte, fragen Sie sich ernsthaft, ob Sie diesen *lebendigen Gott* kennen.

Je älter ich werde, desto mehr geht es mir auf, wie gerade das in der Bibel, was die Gelehrten ärgert — so z. B. im Alten Testament, daß Gott so menschlich ist oder zornig sein kann —, gerade das Großartige ist: Daß Er der *lebendige* Gott ist, der mich zerschlagen kann, der mir böse sein kann, der sich umdreht, wenn ich Ihn anrufe, und mich in die Arme nimmt. Verstehen Sie: der ein Du ist, dem ich gegenüberstehe.

Ich muß sagen, wenn ich morgens aufwache, bin ich glücklich, daß ich mich nicht mit „Religion" belasten muß, sondern daß ein *lebendiger* Gott da ist, ein Du, dem ich morgens mit dem ersten Atemzug — Verzeihen Sie! — „Guten Morgen" sagen kann. Aber wirklich: „Herr, ich danke Dir, daß ich aufwachen darf und daß immer noch gilt, daß ich Dein Kind bin!"

Weil Gott ein *lebendiger* Gott ist, darum sind die Geschichten der Bibel wahr, darum kann ich sie glauben. Der kann einen Jona wirklich verfolgen, als er fliehen will, und ihn einholen und keine Ruhe geben, bis er nach Ninive geht. Und dieser Gott kann verkündigen lassen: „Ninive geht in 40 Tagen unter" — und dann reut es Ihn, als sie Buße tun. Das ist der *lebendige* Gott.

Glauben Sie mir, man ärgert sich an den Geschichten der Bibel nur, wenn man einen „Gottes-Begriff" hat, ein Dogma, eine Lehre, einen ausgehöhlten, selbstgemachten Gott. Dann ärgert man sich an der Lebendigkeit Gottes, die uns in der Bibel gezeigt wird.

Mir geht es wie Gottfried Daniel Krummacher, dem Erweckungsprediger des Wuppertals, von dem Professor Tholuck sagte: „Er ist ein Liebhaber der Torheit Gottes." Was den Menschen in der Bibel ärgert und was ihm töricht erscheint, das ist gerade das Schönste, denn hier wird deutlich: Wir haben's mit einem Gott zu tun, der lebendig ist, der handelt.

Ich hätte nicht 40 Jahre Pfarrer sein wollen, wenn ich nicht mit einem lebendigen Gott hätte rechnen dürfen.

Vorige Woche bekam ich einen Brief, einen ergreifenden Brief. Ich will Ihnen nur kurz den Inhalt sagen: Vor zwei Jahren hatte ich eine Evangelisation mit einer Leiterfreizeit vom Weigle-Haus in Oberstdorf. Zu der kamen hauptsächlich Kurgäste. Da begrüßte ich auch eine Familie aus dem Siegerland. War so nett! Sie kamen jeden Abend, Vater, Mutter und ein Sohn. Jetzt schrieb die Frau, es sei so wundervoll gewesen, wie ihr 13jähriger Junge in der Evangelisation wirklich gepackt worden sei. Er habe zu ihnen gesagt: „Also, liebe Eltern, ich habe mich zu Jesus bekehrt." „Nun", hätten sie beide gedacht, „auf das, was so ein Junge sagt, kann man nicht viel geben, der gibt leicht Stimmungen nach." Aber von da ab sei er wie umgewandelt gewesen. Und dann schreibt sie: „Und ein halbes Jahr später ist er gestorben. Ziemlich schrecklich gestorben, an Krebs." Erschütternd sei es gewesen für die Eltern, wie freudig die Gewißheit bei ihrem Jungen im Sterben gewesen sei: „Ich gehe zu Jesus. Ich gehe jetzt zum Leben. Er hat mich erkauft. Er hat mich angenommen." Es habe richtig solch ein Glanz der Ewigkeit über dem Sterben dieses 13jährigen Jungen gelegen, der da in Oberstdorf — ich hatte keine Ahnung davon — von der Evangelisation angesprochen wurde. Es hat mich ganz überwältigt, wie Gott wirkt, der lebendige Gott, der sich aus den Zuhörern solch einen 13jährigen rausholt und zu sich zieht, ihm die Augen öffnet, daß er glauben kann, das Kreuz Jesu sieht und weiß: Ich bin erkauft und erlöst.

Im Vers 4 wird der Grund genannt, warum man sich im lebendigen Gott freuen kann: „Denn der Vogel hat ein Haus gefunden und die Schwalbe ihr Nest, da sie Junge hecken: deine Altäre, Herr Zebaoth, mein König und mein Gott."

Also, das ist poetisch schon so schön, daß mein ästhetisches Gefühl sich einfach freut. Ich wüßte kein Gedicht, das so schön wäre wie der 84. Psalm.

Ist Ihnen aufgefallen, daß der Vers, den wir eben besprochen haben, nach unserem Gefühl so heißen müßte: „Mein Leib und Seele freuen sich *am* lebendigen Gott"? Ich freue mich *an* meiner Frau. Ich freue mich *an* einem guten Essen. Ich freue mich *am* Sonnenschein. Aber hier heißt es nicht: Ich freue mich *an* Gott, sondern: „Mein Leib und Seele freuen sich *in* dem lebendigen Gott." Das heißt: Diese Freude kennt man erst, wenn man völlig eins geworden ist mit Gott, völlig im Frieden mit ihm ist.

Ein unbekehrtes, unwiedergeborenes Herz kennt den Frieden mit Gott nicht. Darum hat es im Grunde immer Angst vor Gott. Wenn Atheisten bestreiten, daß es Gott gibt, dann sage ich: „Ihr habt bloß Angst vor ihm, darum darf es ihn nicht geben."

Ich kann mich im lebendigen Gott nur freuen, wenn ich völlig im Frieden mit ihm bin!

In Vers 4 wird nun gesagt, wie ich zum Frieden mit Gott komme.

2. *„Der Vogel hat ein Haus gefunden und die Schwalbe ihr Nest, da sie Junge hecken: deine Altäre, Herr Zebaoth, mein König und mein Gott."*

Das ist wundervoll. Da vergleicht der Psalmist seine Seele oder sein Herz mit einer unruhigen Schwalbe.

Als Kinder haben wir das in den Ferien immer gesehen, wie in die Scheune meines Großvaters die Schwalben hineinschossen, den Jungen etwas brachten und dann wieder hinausschossen. Da war eine ewige Unruhe.

Und nun vergleicht der Psalmist sein Herz mit solch einer

Schwalbe: Es ist voll Unruhe. Was schleppen wir an innerer Unruhe mit uns herum, an Sorgen, an Anfechtungen, an Schuld! Was für eine Herzensunruhe ist das! Ja, wir sind von Natur friedelos wie eine fliegende Schwalbe.

Einer der größten Dichter, Rainer Maria Rilke, hat das Bild noch einmal gebraucht. Er vergleicht unser Leben mit dem Falken, der um eine Ruine kreist: „Ich kreise um Gott, den uralten Turm, und kreise jahrtausendelang . . ."

Und da sagt der Psalmist: „Mein unruhiges Herz ist zur Ruhe gekommen, hat eine Heimat gefunden, wo sie Junge hecken kann." So hat meine Seele einen Port, einen Hafen, eine Ruhestätte gefunden an den Altären Gottes.

Nun muß ich die „Altäre" Gottes erklären.

Sehen Sie, das ist hier ein alttestamentlicher Psalm. Den spricht ein Mann im Blick auf den Tempel. Aber alles im Alten Testament ist Weissagung und Vorbild auf den Herrn Jesus hin, aufs Neue Testament. Und darum sind die Altäre im Tempel, an denen der Psalmist zur Ruhe kommt, Vorbild auf neutestamentliche Dinge.

Im Tempel gab es zwei Altäre. Der eine stand im Vorhof. Das war der große eherne Altar, auf dem die Schuldopfer dargebracht wurden. Wenn sich einer in Israel versündigt hatte, dann brachte er ein Lamm, das wurde geschlachtet und auf diesem Altar verbrannt. Hier fand die Versöhnung statt. Wenn nicht solche außerordentlichen Opfer waren, dann brannte immerzu ein Opfer auf diesem Altar, nämlich ein Lamm. Dieses Opfer wurde morgens und abends gerichtet. Die Rauchsäule von dem Opfer stieg Tag und Nacht auf. Das Lamm, auf das gleichsam die Sünde und Schuld Israels gelegt war und das nun stellvertretend starb. Und wenn in Israel einer Angst hatte: „Wie stehe ich mit Gott?", dann schaute er sich um und sah die Rauchsäule und wußte: „Das Versöhnungsopfer brennt. Da ist Vergebung. Das Lamm ist an meiner Statt gestorben."

Nun wissen wir hoffentlich, daß Johannes der Täufer auf Jesus zeigte und sagte: „Siehe, das ist Gottes Lamm, welches der Welt Sünde trägt." So ist der Opferaltar im Vorhof des Tempels ein Abbild unseres Altars, nämlich des Kreuzes von Golgatha.

Unser Altar ist Golgatha. Und das Opferlamm, das hier geopfert wird, ist der Sohn Gottes. Es ist für meine Seele allein friedenbringend, wenn ich weiß: Der hat der Welt Schuld weggetragen, also auch meine. Hier ist wirklich Vergebung der Sünden. Dies Kreuz gibt wirklich Versöhnung mit Gott. Das Opferlamm gilt. Sehen Sie: Hier kommt unsere Seele zur Ruhe — am Kreuze Jesu. Das ist eine Erfahrung.

Auf Sylt gibt es einen Friedhof, auf dem die Seeleute begraben werden, deren Namen man nicht kennt, die als Ertrunkene angeschwemmt werden. Auf einem Gedenkstein dieses Friedhofs steht ein Gedicht von Kögel:

Wir sind ein Volk, vom Strom der Zeit
gespült ans Erdeneiland, voll Unfall und voll Herzeleid,
bis heim uns holt der Heiland.
Das Vaterhaus ist immer nah, wie wechselnd auch die Lose:
Es ist das Kreuz von Golgatha
Heimat für Heimatlose.

Besser kann ich es nicht sagen: „Es ist das Kreuz von Golgatha Heimat für Heimatlose."

Sagte mir kürzlich ein Bruder: „Wir haben ja alle unsere Nöte und Anfechtungen — außer Ihnen." Da habe ich erwidert: „Ich habe nie einen Hehl daraus gemacht, daß ich vielleicht der Angefochtenste von Ihnen allen bin."

Und ich kann Ihnen sagen: Wenn ich das nicht wüßte, daß der Sohn Gottes wirklich der Welt Sünde weggetragen hat, daß sein Blut wirklich der Kaufpreis ist, womit völlig bezahlt ist, daß ich erkauft bin für Gott, was ich nur noch anzunehmen brauche, daß der Blick auf dieses Kreuz wirklich die Annahme des Friedens mit Gott bedeutet, könnte ich nicht leben. Hier kommt unsere unruhige Seele wirklich zum Frieden.

In meinem Leben hat dieser Vers eine ganz besondere Rolle gespielt: „Der Vogel hat ein Haus gefunden und die Schwalbe ihr Nest: deine Altäre, Herr Zebaoth." Das war am 5. März 1943, als nachts über Essen der erste große schreckliche Fliegerangriff ging. Da brannte mein Haus in der Weiglestraße ab. Am nächsten Morgen saßen wir, meine Frau, meine Kinder, die damals noch klein waren, und ich, völlig abgebrannt, verrußt, dreckig, mit dem einzigen Anzug, den man hatte, bei meinem Vikar und frühstückten. Wir wußten nicht, wohin. Es erschütterte mich: „Nun bin ich also wirklich arm und heimatlos." Nach dem Frühstück sagte mein Vikar: „Nun wollen wir die Losung lesen. Sie heißt: ‚Der Vogel hat ein Haus gefunden und die Schwalbe ihr Nest, deine Altäre, Herr Zebaoth, mein König und mein Gott.'" Und da konnte ich sagen: „Kinder, wir sind nicht heimatlos. Und wenn die Welt unter uns zusammenbricht: Es ist das Kreuz von Golgatha — Heimat für Heimatlose. Da sind wir immer zu Hause."

Warum sind eine ganze Reihe von Ihnen im Grunde noch

heimatlose Leute, mit solch einer unruhigen Seele, mit solch einer friedelosen? Das Kreuz Jesu, dieser Altar Gottes, wartet auf uns alle. Da strömt Friede herab wie ein Strom. Und Gerechtigkeit, die uns dann Gott schenkt, wie Meereswellen.

Aber nun steht da: „deine Altäre". Die Mehrzahl!

Es gab im Tempel noch einen zweiten Altar. Es war ein kleiner goldener Altar, auf dem morgens, mittags und abends ein Rauchopfer dargebracht wurde. Als Zacharias im Tempel war und der Engel des Herrn ihm erschien und ihm sagte: „Du wirst einen Sohn haben", da stand er an diesem goldenen Räucheraltar. Hier wurde also kein Blutopfer dargebracht, sondern nur Weihrauch, der symbolisierte gleichsam die Gebete der Gemeinde.

Für die, die sich für intensive Bibelarbeit interessieren, darf ich hinzufügen, daß uns in Offenbarung 8, 3 ein Blick ins himmlische Heiligtum gezeigt wird. Der Tempel war ja immer auch ein Abbild vom himmlischen Heiligtum. Da heißt es: „Und ein anderer Engel kam und trat an den Altar und hatte ein goldenes Räuchergefäß, und ihm ward viel Räucherwerk gegeben, daß er es gebe zum Gebet aller Heiligen auf den goldenen Altar vor dem Thron." Dieser goldene Altar war also ein Symbol des Gebetes, das aufsteigt vor Gott wie ein Rauchopfer.

Dieses Rauchwerk war ein edler Duft. Ist das den Gebeten der Kinder Gottes zu vergleichen? Die sind oft gar nicht sehr schön. „Ich schreie zu dir", heißt es im Psalm. „Ich bin zermalmt, ich liege im Staube." Das ist ästhetisch gar nicht schön. Aber vor Gott ist es köstlicher Weihrauch. „Wenn unser Herze seufzt und schreit, wirst du gar bald erweicht", heißt es in einem Lied. Das ist köstlicher Weihrauch vor Gott.

Darum kann sich mein Herz im lebendigen Gott freuen, weil ich mit diesem lebendigen Gott reden darf. Sehen Sie: Man hat gesündigt, man hat keinen Mut, vor Gott zu treten, wie dumm! Er ist ja ein lebendiger Gott. Ich kann ihm sagen: „Herr, du weißt, was für ein elendes Kind ich bin, aber doch das deine, du hast mich erkauft. Herr, du siehst, wie trostlos in meinem Leben alles ist." Ich kann ihm ja alles sagen, ich darf ihm mein Herz ausschütten. Tun Sie das eigentlich?

Dazu braucht man allerdings Stille. Es ist merkwürdig, wenn ich anfangen will zu beten, dann schellt das Telefon. Und wenn ich hingehe, dann heißt's: „Falsch verbunden" oder so etwas. Der Teufel ist auf dem Plan, uns zu dieser Stille nicht kommen zu lassen. Da muß man ein bißchen drum kämpfen.

Ich stelle mir's oft so richtig vor morgens: Aus welcher Wohnung in Essen steigt eigentlich jetzt das Rauchwerk des Gebets empor? Wo sind Menschen, die das Opfer des Gebets jetzt darbringen? Das heißt also nicht, daß ich Gott eine feierliche Rede halte, sondern daß ich es ernst nehme: Er ist ein lebendiger Gott, und ich kann mich freuen in ihm und darf mich ihm in die Arme werfen.

3. „Meine Seele verlangt und sehnt sich nach den Vorhöfen des Herrn."

Alles, was ich bisher gesagt habe, ist auf den Ton gestimmt: „Ich hab's! Meine Seele freuet sich in dem lebendigen Gott! Mein König und mein Gott! Ich hab's!"

Da wenden die Theologen, seit ich sie kenne, seit meiner Studienzeit, sofort ein und sagen: „Das hast du aber nicht in der Tasche!" Ich pflege dann immer zu erklären: „Darauf kommt's doch gar nicht an, sondern darauf, daß er mich in seiner Tasche hat. Und das hat er!" „Ja, aber es gibt eine falsche Sicherheit!" Darauf sage ich: „Hier steht ‚mein Gott'! Hier in diesen Versen ist alles Gewißheit: Der Vogel *hat* ein Haus gefunden, einen Ruheort. Ich *bin* versöhnt am Kreuze Jesu. Ich kann ihm mein Herz ausschütten. ‚*Mein* König und *mein* Gott!'" Lauter Gewißheit!

Und darum ist es geradezu verblüffend, daß diese Verse mit solcher strahlenden Gewißheit anfangen mit dem ganz anderen Klang: „Meine Seele verlangt . . ." Wörtlich heißt es: „. . . verzehrt sich nur nach den Vorhöfen des Herrn."

So spricht doch einer, der ganz ferne ist: Wenn ich nur die Vorhöfe sehen könnte, danach verzehre ich mich!

Die Ausleger sagen natürlich mit Recht: Das dichtet ein Mann aus Israel, der in der Ferne ist und sich nach dem Tempel sehnt. Aber das klappt dann doch nicht ganz, dann könnte er nämlich nicht gleich wieder sagen: Ich freue mich so an den Altären da!

Nein, meine Freunde, hier stoßen wir auf ein Geheimnis des Christenstandes: Ein richtiger wiedergeborener Christ ist ein Mensch, der alles ganz gewiß hat. Er kann sagen: „Mein König und mein Gott. Er hat mich erkauft. Sein Blut ist für mich geflossen. Ich bin versöhnt. Meine Sünden sind vergeben. Er hat es mir mit dem Heiligen Geist versiegelt, daß ich ihm gehören darf. Ihm darf ich mein Herz ausschütten." — Und zugleich weiß ein richtiger Christ: „Ich hab's eigentlich noch gar nicht. Das Beste kommt noch."

Das ist die Paradoxie des Christenstandes. Ich kann's nur mit dem Fremdwort „Paradoxie" sagen. „Ich habe alles, alles in dir, Herr Jesu Christ" — aber ich verzehre mich danach, daß ich's richtig hätte: „Ach, Herr, meine Sünde ist noch so mächtig! Ach, Herr, ich bin oft so traurig, ich bin oft so ungläubig, ich bin oft so draußen vor der Tür!"

Verstehen Sie, das gehört beides zusammen. Da höhnt ein Weltmensch: „Das klappt doch nicht. Du kannst doch nicht sagen: ‚Ich hab ein Portemonnaie voll Geld — und ich bin ein armer Kerl!" Da sage ich: „Doch, so spricht ein Christ aus der praktischen Erfahrung heraus."

Ich könnte verzweifeln manchmal an meinem ganzen Christenstand. Und dann schlage ich die Bibel auf und kann singen: „Mein Leib und Seele freuen sich in dem lebendigen Gott." Beides ist wahr.

Lassen Sie mich ein Beispiel gebrauchen. Eines der großen Erlebnisse meiner Amerikareise war für mich der Rückflug. Da flogen wir abends weg und hatten nur zwei Stunden Nacht, weil man ja die Sonne überrundet. Man hatte Abendbrot gegessen. Dann wurde es auf einmal dunkel. Es verlöschten all die Lichter. Ich war der einzige, der noch gelesen hat. Auf einmal sehe ich: Um mich herum schläft alles. Und da habe ich mein Licht ausgemacht und mir vorgestellt, daß 12 km leere Luft unter mir sind, dazu noch etwa 8 km tiefes Wasser. Das ist ja ein grauenvoller Abgrund! Und von dem trennt mich also nur so ein Stückchen Boden des Flugzeugs. Es wurde mir ganz schwindelig im Gedanken daran, wie man hier eigentlich im Nichts hängt. Dann habe ich gedacht: So geht's einem Christen hier. Ich kann sagen: „Mein König und mein Gott." Aber ich bin in diesem Flugzeug über einem entsetzlichen Abgrund.

Ich vergesse nicht, wie ein alter gläubiger Amtsbruder in

Essen mir einmal sagte, ganz erregt: „Bruder Busch, wenn Gott mich nicht festhält, dann falle ich morgen in die schrecklichsten Sünden. Da könnte ich zum Mörder werden oder irgend etwas." Da habe ich gesagt: „Ja, so ist es."

Wir schweben über Abgründen. Unser Leben ist angefochten. Unser Glaube ist so klein. Der Herr ist oft so fern. Wir sind so einsam und was weiß ich alles. Das ist „Tiefe des Daseins", das sind Abgründe. Aber darüber schweben wir in den Sätzen, die hier stehen: „Mein Leib und Seele freuen sich in dem lebendigen Gott. Mein König und mein Gott."

Aber als ich mir das klarmachte, wie ich da über dem Abgrund schwebte, habe ich gedacht: „Ich bin aber doch froh, wenn wir landen!" Und wie es dann nach zwei Stunden Tag wurde und allmählich der Kontinent auftauchte und die Maschine aufsetzte auf dem Flugplatz in Köln, da standen alle Kinder und Enkel und schrien: „Hurra, Opa ist wieder da!" Nicht wahr, da war mir eigentlich doch wieder wohler als über dem Abgrund.

Das heißt: Als Christ bin ich hier geborgen im Flugzeug, aber ich freue mich, wenn ich lande. Sie verstehen: Wenn ich lande in der anderen Welt, wo ich ganz anders noch — ich bin ja derselbe Mensch wie in dem Flugzeug — geborgen bin. Jetzt habe ich festen Boden unter den Füßen. Jetzt sind die Abgründe zu Ende. Jetzt komme ich wirklich nach Hause.

Diese Paradoxie des Christenstandes, daß wir haben und doch in der Erwartung stehen, die geht durch die ganze Bibel. Ich will Ihnen bloß ein Beispiel sagen. Da steht im 1. Johannesbrief: „Wer den Sohn Gottes hat, der hat das Leben." Deutlicher geht's nicht: Wer hat, der hat! Und in demselben Brief steht: „Es ist noch nicht erschienen, was wir sein werden. Wir wissen aber, wenn es erscheinen wird, daß wir ihm gleich sein werden, denn wir werden ihn sehen, wie er ist."

Christen sind Leute, die, auch wenn sie hier schon haben, sich freuen auf die zukünftige Welt. Und ich möchte mich nicht dumm machen lassen von Leuten, die sagen: „Das kommt erst mit der Auferstehung." Ich bin überzeugt, daß in dem Augenblick, wo ich hier die Augen schließe, sich diese andere Welt schon für mich auftut. „Wir werden ihn sehen, wie er ist." Darauf freue ich mich. Das ist dann die Landung.

(Bibelarbeit im Weigle-Haus in Essen, 1966)

Drei Feste der Kinder Gottes

Je mehr die Welt ihrem Ende entgegengeht, um so mehr treten geistige und geistliche Gefahren auf. Lassen Sie mich diese kurz nennen:

Da ist auf der einen Seite der Geist der Zeit, der die Gebote Gottes auflöst: „Sollte Gott gesagt haben . . . Du sollst nicht ehebrechen . . . Du sollst nicht falsch Zeugnis reden . . .?" Der Geist der Zeit macht den schmalen Weg breit.

Auf der anderen Seite lauert die schreckliche Gefahr, die uns vielleicht näher liegt: die Gesetzlichkeit. Wie warnt die Bibel vor denen, die sagen: „Du darfst das und das nicht." Das gibt ein ganz negatives Evangelium. Da kann die Seele bloß noch ängstlich zappeln, ob sie recht handelt, anstatt triumphierend zu singen: „Auf dem Lamm ruht meine Seele."

Dann ist in unseren Tagen die Gefahr der Schwärmereien so groß. Übers Meer herüber kommen oft Wellen von Enthusiasmus! Gott erhalte uns alle in der rechten biblischen Nüchternheit. Der Heilige Geist führt uns nicht an die Decke, sondern er stellt uns auf den Boden. Er macht uns nicht begeistert, sondern nüchtern und zeigt uns unseren verlorenen Zustand.

Der Herr wolle uns nicht nur davor bewahren — das wäre zu wenig —, sondern geben, daß wir wie eine elektrische Lokomotive, wie ein Düsenflugzeug in der Kraft des Herrn vorwärts gehen.

Nun bin ich beauftragt, eine Festrede zu halten. Da will

ich euch einfach einmal drei besondere biblische Feste vor Augen stellen.

1. Ein Fest, das gar nicht eingeplant war

Bei unseren Festen muß stets eine Menge vorbereitet werden. Wie lange ist's schon her, daß die Verantwortlichen wegen der Festpredigt an mich geschrieben haben! Was ist da vorbereitet worden, bis die Halle gemietet war, alle Programme und Lieder gedruckt waren! Das ahnt ihr nicht, wieviel Arbeit dahintersteckt.

In der Bibel wird von einem Fest erzählt, das gar nicht eingeplant war. Es steht im Buch Nehemia, im 8. Kapitel. Ich muß fürchten, daß selbst bibelkundige Leute nicht wissen, was im Buch Nehemia steht. Darum will ich euch davon berichten.

Israel war aus der babylonischen Gefangenschaft zurückgekehrt. Das Land lag in Trümmern, wie bei uns nach dem Kriege. Es hat lange gedauert, bis sie ein Herz fanden, Jerusalem wiederaufzubauen mit seinen Mauern, Toren und Türmen. In dieser wirren Zeit waren der Gottesdienst und die Beachtung des Wortes Gottes zurückgegangen.

Da kommt der Schriftgelehrte Esra: „Wir müssen doch Gottes Wort wieder ganz einfach dem Volk Gottes beibringen."

Und es wird ein Tag angesetzt, an dem man das Gesetz Gottes lehren will. Ausführlich erzählt Nehemia 8, daß sie eine hölzerne Kanzel gebaut haben. Darauf steht Esra, umgeben von ein paar Leviten. Und dann heißt es: „Er las vom lichten Morgen bis an den Mittag." Wir würden es gar nicht riskieren, so lange Gottesdienste zu halten. Vom lichten Morgen, von 6 Uhr an, bis zum Mittag las er aus dem Gesetz Gottes. Er las die Geschichten von der Schöpfung, und er las vom Auszug aus Ägypten, was Gott unter den Vätern getan und wie er sich herrlich erwiesen hatte. Und die ganze Zeit über „stand" das Volk. Wie schnell sind bei uns die Gemüter entrüstet, wenn ein paar Leute stehen müssen. Das ganze Volk stand. Und wir hören weiter: „Des Volkes Ohren waren zu dem Worte Gottes gekehrt." Bei uns gibt es Versammlungen, wo man bloß mit einem Ohr hinhört — und das andere Ohr ist anderweitig beschäftigt. Hier spüren wir etwas von der gespannten Aufmerksamkeit: Des Volkes Ohren waren zum Vorlesen des Wortes Gottes gekehrt.

Auf einmal hat das Wort des lebendigen Gottes eine gewaltige Wirkung: Die Leute fangen an zu weinen. Nicht vor Rührung, sondern vor Jammer. Nicht vor Jammer über die Armseligkeit Jerusalems, sondern vor Jammer über ihr eigenes Herz. Gottes Wort traf sie mitten ins Gewissen. Es ging ihnen auf: Wir gehören zum Volke Gottes, aber kein Gebot haben wir mit ganzem Herzen gehalten. Wir sind vom Herrn auserwählt. Er hat mit uns einen Bund geschlossen. Und doch steht unser Leben nicht im Licht vor seinem Angesicht. Das traf sie so sehr, daß sie anfingen zu weinen.

Wenn Männer weinen, das ist eine Sache! Heute würden wir uns genieren zu weinen. Aber der große Schriftgelehrte Albrecht Bengel hat einmal zu dem Gotteswort „Gott wird abwischen alle Tränen von ihren Augen" erklärt: „Unser heutiges Geschlecht meint, es wäre stolz und männlich, wenn es nicht mehr weint, aber ihre Herzen sind hart und steinern; was soll Gott ihnen einst von ihren Augen abwischen?"

Hier war das herrlich: Gottes Wort traf so, daß die Menschen nicht mehr vom Nachbar redeten oder von ihrem Prediger oder Pfarrer, sondern bekannten: „Ich, ich und meine Sünden..." Sie spürten: Gottes Zorn ist über mir, mit Recht. Ich habe die Hölle verdient!

Wenn ihr im Buch Nehemia das 8. Kapitel lest, dann werdet ihr feststellen, daß auf einmal an dieser Stelle etwas ganz Merkwürdiges geschieht. Nehemia und seine Freunde trösten das Volk, und er sagt: *Die Freude am Herrn ist eure Stärke!"*

Es ist hier etwas Prophetisches, wie wenn Nehemia dieses im Gewissen getroffene Volk auf das Kreuz des Heilands hinwiese und sagte: Er macht euch gerecht. Er trägt die Sünde der Welt, auch eure. Er heilt euer Gewissen. Es ist mir so, als ob er ihnen in dem Augenblick das Kreuz Jesu vor Augen stellte.

Nun sehen sie nicht mehr ihr verlorenes, böses Herz an, sondern den Heiland, und erfahren:

Die Sünden sind vergeben,
das ist ein Wort zum Leben.

Und dann beginnt ein Fest, ein richtiges Fest. Das müßt ihr einmal selbst nachlesen, wie alles Volk hingeht, „daß es äße und tränke..." Weiter heißt es: „Und sie sandten Teile." Das heißt, die anderen wurden nicht vergessen, sie konnten sich alle mitfreuen.

Ich kann mir denken, daß das ein wunderbares Fest vor dem Angesicht des Herrn war, ein Fest, das gar nicht geplant war: Nur das Wort Gottes verlesen — und es bricht eine Freude über die Vergebung der Sünden auf. —

Vor vielen, vielen Jahren hatte ich in Utrecht eine Freizeit mit jungen Deutschen, die in Holland lebten. Da schenkte Gott so eine Unruhe, daß nachts um 2 Uhr die Kerle — schicke junge Kaufleute waren's — mein Zimmer stürmten und erklärten, sie könnten vor Herzens- und Gewissensunruhe nicht mehr schlafen. Ich sagte: „Kommt morgen früh, jetzt nachts um 2 Uhr bin ich nicht so richtig imstande." Da kamen sie morgens an. In meiner engen Bude drängten sie sich. Einer saß im Fenster und streckte die Beine nach außen; auf meinem Bett hockten fünf Burschen — wenn das Gewissen erwacht, wird ja alles andere gleichgültig. Und dann haben wir uns klargemacht, daß wir in uns keine Gerechtigkeit haben; auch bei bestem Leben sind wir verlorene Leute, und der Mann am Kreuz, das Lamm Gottes, ist allein unsere Gerechtigkeit. Sie wurden darüber richtig fröhlich. Am Nachmittag oder am Abend spielten sie miteinander lustig im Garten, so daß ein älterer Bruder meinte: „Wenn man die Kerle ansieht, könnte man an das Wort denken: ,und hüpfen wie die Mastkälber!'" Da antwortete ich: „Ganz recht getroffen! ,Euch, die ihr meinen Namen fürchtet, soll aufgehen die Sonne der Gerechtigkeit und Heil unter ihren Flügeln.' Ja, sie haben das Heil unter den Flügeln Jesu entdeckt, und jetzt hüpfen sie wie die Mastkälber."

So war es auch bei dem Fest des Nehemia. Das ist mein erster großer Wunsch für Sie, liebe Brüder und Schwestern: Möge der Herr uns allen diese gründliche Heilserfahrung schenken, daß es zu wirklicher Buße kommt. Daß nicht einfach über ein ungeordnetes Leben so ein bißchen Gnade geschmiert wird, sondern daß die Herzen sich verloren geben und im Kreuze Jesu, in dem Lamm Gottes, das der Welt Sünde trägt, das Heil finden und fröhlich werden und wirklich wissen: „Mir sind meine Sünden vergeben!"

Das weiß man, wenn man es erfahren hat! Der Herr schenke Ihnen diese Erfahrung von gründlicher Buße und wirklicher Vergebung der Sünden! Dann allein kann man singen:

Ich habe nun den Grund gefunden,
der meinen Anker ewig hält:
wo anders als in Jesu Wunden?
Da lag er vor der Zeit der Welt,
der Grund, der unbeweglich steht,
wenn Erd und Himmel untergeht.

2. Ein Fest, das anders verlief, als es geplant war

Es steht in Apostelgeschichte 2: „Als der Tag der Pfingsten erfüllt war." Damals wurde in Jerusalem ein großes Fest gefeiert, wie es im 3. Buch Mose vorgeschrieben ist: Das Fest zur Einbringung der Ernte.

Vom In- und Ausland war viel Volk zusammengeströmt. Im Tempel wurden große Vorbereitungen getroffen; das Fest sollte im Tempel stattfinden. Die Opfertiere wurden vorbereitet. Die Chöre übten.

Und dann passierte es, daß das eigentliche Pfingstfest ganz woanders stattfand, ganz woanders — soll ich sagen — losging. Irgendwo in einem kleinen Sträßchen sind die Apostel versammelt. Gewiß nicht im Palasthotel und auch nicht im Tempel. Da fällt der Geist Gottes auf sie. Große Zeichen geschehen, Sturmwind und Feuerflammen — ihr kennt die Geschichte —, und die Jünger gehen auf die Straße und zeugen von Jesus. Nun strömt das Volk zusammen wegen der Flammen und des Sturmwinds. — Liebe Freunde, das Menschenherz ist so stur, daß ich nicht glaube, Feuerflammen oder Sturmwind brächten so viele Leute zusammen. Da war der Heilige Geist am Werk!

Hier kam also viel Volk zusammen, und die Apostel bezeugten ihnen das Heil Gottes in Jesus. Nun ging's wie immer. Die einen spotteten und die anderen waren aufmerksam. Die Spötter sagten: „Ihr seid ja betrunken!" Und da geschieht es, daß Petrus aufsteht und eine gewaltige Rede hält: eine Pfingstrede.

Ich habe früher als junger Theologe immer gemeint, eine Pfingstpredigt muß vom Heiligen Geist handeln. Aber das war ein großer Irrtum! Petrus hat eine Pfingstpredigt gehalten in der Vollmacht des Heiligen Geistes — über Jesus! Auch der Inhalt einer Pfingstpredigt ist: Jesus starb für uns! Gott hat ihn auferweckt!

Das ging vielen durchs Herz. Sie sagten: „Was sollen wir tun?" Ich finde das so schön, daß der Mensch, wenn er erweckt ist, immer zuerst sagt: „Du, Ärmel aufkrempeln, was muß ich tun?" Und die Apostel antworten: „Gar nichts! Gott hat durch Jesus alles getan, das sollst du zuerst einmal annehmen! *Dazu* mußt du umkehren."

Habt ihr alle schon die Umkehr vollzogen? Auf den lebendigen und gekreuzigten Heiland zu? „Tut Buße!" heißt das, „und glaubt an Jesus!"

Mich hat es bei dieser Verkündigung des Petrus immer sehr gepackt, daß Petrus nicht das Evangelium verkündigt und dann vorschlägt: Wir wollen mal darüber diskutieren, wir wollen mal darüber sprechen, sagt ihr mal eure Meinung dazu —, sondern daß er es ihnen vorlegt als eine Botschaft, die man annimmt, oder man geht verloren. — Laßt euch erretten!

Ich möchte es so ausdrücken: Der Hintergrund der Petrus-
predigt sind die lodernden Flammen der Hölle, der blut-
rote Schein, daß man verlorengehen kann! Laßt euch erretten! Erschrocken fragten die Leute: „Ist es wirklich so
ernst?" — „Ja", sagte Petrus, „so ernst ist es! Aber Gott
war es auch ernst, euch zu erretten."

Da ließen sich 3000 taufen. War das eine Sache! Das war
doch ein herrliches Fest, daß der Heilige Geist verlorene
Sünder zum Kreuze zog!

Was im Tempel geschah, war völlig belanglos geworden.
Die Chorvorbereitungen und die Opfervorbereitungen
waren gar nicht mehr wichtig. Der Heilige Geist zog Sünder zum Kreuz des Heilands.

Und das ist auch mein Wunsch für uns alle. Möge es bei uns
geschehen, daß der Heilige Geist Sünder zu Jesus zieht!

Liebe Freunde, wenn ein Lastauto festgefahren ist, dann
können sich hundert Leute davorspannen und kriegen das
Ding nicht raus. Einen anständigen Trecker davor, und
der zieht es heraus!

Wir können uns anstrengen und reden und tun, und doch
können wir nicht einen einzigen Sünder zu Jesus führen.
Wenn wir es machen könnten, dann wäre ganz Essen bekehrt. Aber wir bringen nicht *einen* Sünder vom Weg der
Verlorenheit weg.

Wenn aber der Geist Gottes anfängt, dann gibt es Be-
wegung! Ich habe so gern den Vers: „Zieh mich, o Vater,
zu dem Sohne." Möge der Heilige Geist durch den Vater
Menschen zum Sohne ziehen, gewaltig ziehen, an all den
Orten, wo ihr arbeitet. Das ist mein zweiter Wunsch.

Und nun kommt das dritte Fest:

3. Ein stilles Fest der einsamen Seele

Als ich mir vornahm, euch Feste vor Augen zu stellen, kam ich in große Verlegenheit, weil so viele Feste in der Bibel vorkommen, daß man bis Weihnachten davon reden könnte. So möchte ich aus der großen Zahl noch ein drittes Fest auswählen: Ein stilles Fest der einsamen Seele. Solch ein Fest, das einer ganz, ganz solo für sich feiert. Aber ein richtiges Fest!

Von diesem Fest ist in Psalm 23 die Rede: „Du bereitest vor mir einen Tisch . . ." Ich will versuchen zu erzählen, wie ich es mir vorstelle, daß dem David das Wort Gottes wieder groß wurde. David hat den 23. Psalm gedichtet, als er ein Hirtenknabe war. Aber manchmal geht es einem so, daß man es sich selber wieder zur Erbauung sagen muß. So passiert es mir ab und zu, daß ich eine alte Predigt in die Hand kriege, die ich gehalten habe und beim Lesen denken muß: „Junge, das paßt im Augenblick gerade für dich."

David — das wißt ihr hoffentlich — war heimlich zum König gesalbt worden. Das witterte der verworfene König Saul und trachtete ihm nach dem Leben. Nun muß David um seines Lebens willen fliehen. Er flieht in die Wüste. Er lebt wie ein Tier in Höhlen und Klüften. Eines Tages verliert er den Mut. Er sagt: „Ich werde an derselben Tage einem doch noch Saul in die Hände fallen." So sucht er Zuflucht bei den Feinden, den Philistern.

Der König der Philister freut sich: Ha, so einen Kerl wie den David kann ich brauchen. Er nimmt ihn freundlich auf. Aber die großen Männer am Hof des Philisterkönigs warnen: „Bist du wahnsinnig?! Wenn es mal schwierig wird, dann fällt er dir in den Rücken. Dem kannst du nicht trauen! Der ist ein Verräter!" Sie hetzen so lange gegen David, bis der Philisterkönig mißtrauisch wird und ihn verhaften lassen will.

David wittert es im letzten Augenblick und will flüchten. Doch er merkt: es ist schon alles umstellt. In seiner Not macht er etwas Entsetzliches. Bei den heidnischen Völkern gelten die Verrückten, die Wahnsinnigen, als tabu, von Dämonen besessen. Die darf man nicht anrühren. Und deshalb stellt David sich wahnsinnig. Er schlägt den Kopf an die Türpfosten. Er schäumt, daß der Schaum vor dem Mund steht und der Geifer in den Bart tropft. So wagt ihn niemand anzufassen, und es gelingt ihm die Flucht in die Wüste.

Von jetzt ab hat David in der weiten Welt keinen Platz mehr. In Israel kann er nicht sein. Bei den Philistern kann er auch nicht sein. Er ist im wahrsten Sinn des Wortes vogelfrei.

Ich sehe ihn auf einem Felsblock sitzen und — weinen? — Nein! — Er faßt einen Entschluß: „Ich will den Herrn loben allezeit." Psalm 34, der mit diesen Worten beginnt, ist in jenem Augenblick gedichtet. „Sein Lob soll immerdar in meinem Munde sein!" Da bleibt einem aber doch der Atem weg! In dem Moment hätte ich gesagt: Lebt denn Gott noch?, oder ich hätte gejammert oder geweint.

„Ich will den Herrn loben allezeit." Wie kommt der einsame David dazu, in diesem Augenblick so zu reden? Wahrscheinlich ist ihm eingefallen: „Du bereitest vor mir einen Tisch . . ." und da sieht der einsame Mann in der Wüste vor sich einen Tisch; darauf liegen alle Gnaden: Gottes Liebe, seine Vergebung, völliger Friede, starker Schutz und Schirm, alle Verheißungen des Herrn. Sie sind offen vor ihm ausgebreitet. Da greift er zu und sagt: „Wie reich bin ich! Ich will den Herrn loben allezeit."

Der einsame David feiert in dieser Verlassenheit ein Fest für sich allein, mit dem Tisch, den der Herr vor ihm aufgebaut hat.

Bei uns wird am Geburtstag immer ein Geburtstagstisch gerichtet. Am Abend vorher werden die Geschenke darauf gelegt. Wenn nicht viel da ist, wird er aufgefüllt mit Blumensträußen. Und mit ein paar Kerzen ...

Nun wünsche ich allen: feiern Sie richtig Geburtstag! „Du bereitest vor mir einen Tisch!" Der Herr will uns einen Geburtstagstisch richten. Und jede einzelne Seele soll damit jetzt feiern.

Was liegt auf diesem Geburtstagstisch Gottes? *Alles!* Da liegen alle seine Verheißungen. Es liegt Erkenntnis da, Erkenntnis Gottes, Erkenntnis des eigenen Herzens, Erkenntnis des Heils. Da liegt Vergebung der Sünden. Oh, das ist ein Geschenk!

Als mein Großvater im Sterben lag, gab ihm seine Frau einen Löffel Wein: „Hier hast du eine Erquickung." Darauf sagte er: „Mutter, die größte Erquickung im Sterben ist die Vergebung der Sünden durch Jesu Blut. Im Sterben, aber auch im Leben!"

Auf dem Geburtstagstisch liegt Friede mit Gott und lebendige Hoffnung, gewisse Hoffnung des ewigen Lebens. Und Kraft — ach, wir sind oft so müde. Da liegt neue Kraft.

Ich unterhielt mich einmal mit einem Bruder über Krankheiten. Da sagte der Bruder: „Die auf den Herrn harren, kriegen neue Kraft!" Ja, Kraft liegt da, für jeden Tag!

Und Trost in unseren Traurigkeiten. Das größte Geschenk ist mir die Gerechtigkeit vor Gott, die er schenkt, die wir nicht selber bereiten müssen.

Ach, liebe Freunde, der Geburtstagstisch, den der Herr in dieser Stunde vor uns aufstellt, ist wundervoll. Ich wünschte wohl, daß jeder, gleichsam in der Stille, vor diesem Tisch unseres Gottes wie David ein Fest feiert, daß er nimmt und reich wird in unserem Gott. Dann ziehen wir nachher fröhlich unsere Straße.

Der Herr schenke uns das an jedem Tag, diese drei Feste:

Das Fest des Nehemia mit gründlicher Buße und Heilserfahrung.

Das Fest der Pfingsten, daß der Heilige Geist mächtig zum Sohne zieht, bei uns und in unserer Umgebung.

Das Fest des David, wo man an den Reichtümern Gottes trunken wird.

Festansprache beim 117. Jahresfest
der Evangelischen Gesellschaft für Deutschland
im September 1965 in Hagen.)

Wie sehen wir Jesus?

„Und als Jesus kam an die Stätte, sah er auf und sprach zu ihm: Zachäus, steig eilend hernieder; denn ich muß heute in deinem Hause einkehren. Und er stieg eilend hernieder und nahm ihn auf mit Freuden."   *Lukas 19, 5. 6*

Im Jahre 1921 schenkte Gott in Ostfriesland eine Erweckung. Viele Menschen erschraken über ihren verlorenen Zustand vor Gott und suchten das Heil in Jesus Christus. Aus jener Zeit berichtete Pfarrer Immer eine ergreifende Begebenheit: Auch in seinem Dorf wurden viele vom Geist Gottes ergriffen. Aber in einem Filialort, in dem reiche Bauern wohnten, verschlossen sich die Herzen. Die Leute erklärten: „Wir sind gut und recht und wollen nichts hören von Buße und Vergebung der Sünden!" Darauf ging Pfarrer Immer viele Wochen nicht mehr in diesen Ort.

Eines Tages trieb es ihn doch wieder hin. Am Dorfeingang stieß er auf ein Trüpplein Männer, die erschreckend elend aussahen. „Was ist denn mit euch los?" fragte der Pfarrer. Da antwortete einer: „Wir haben Heimweh nach Jesus."

Genauso hätte Zachäus in unserer Textgeschichte sagen können. Von ihm heißt es: „Er begehrte Jesus zu sehen." Das war seltsam. Denn bis dahin war er ein eiskalter Geldmann gewesen. Aber nun war in ihm das Heimweh nach Jesus aufgebrochen. Und zwar so mächtig, daß er fast verzweifelte, als er in ein Volksgedränge geriet. Er bekam Angst, er könnte Jesus verpassen. Und es gab wohl Gelächter beim Volk und Aufregung bei Zachäus, als er auf einen Baum stieg, um Jesus zu sehen. Aus dieser lächerlichen Stellung schaut der Mann auf die Straße hinunter, er schaut und schaut. Und da kommt Jesus. Nun sieht der Mann mit der Hölle im Herzen den Heiland.

Wir wollen jetzt nicht mehr viel von Zachäus reden. Wir wollen mit den Augen des Zachäus auf Jesus sehen. Das ist eine wichtige Beschäftigung. Der Herr selbst sagt: „Blickt auf mich, aller Welt Enden, so werdet ihr errettet!" —

Was sehen wir?

1. Wir sehen Jesu Augen

„Er sah auf und ward sein gewahr . . ." Es war viel *Traurigkeit* in den Augen des Gottessohns. Die Bibel sagt uns, daß Gott durch ihn die Welt schuf. Er war dabei, als der Schöpfer die neugeschaffene Welt ansah und feststellte: „Es ist sehr gut." Dann aber geschah der entsetzliche Sündenfall. Der Mensch riß sich los von Gott und wurde von Gottes Angesicht vertrieben. Damit brachen trübe Fluten über die Welt herein: Sünde, Jammer, Krieg, Leid, Ungerechtigkeit, Tod.

In diese gefallene Welt sehen die Augen Jesu. Er, der die Welt in ihrer Harmonie kannte, ist voll Traurigkeit. So sieht er den Zachäus an. Auch der sollte ein Ebenbild Gottes sein. Und was ist aus ihm geworden!

Der Sohn Gottes sieht den Zachäus an. Ein Schrecken überfällt den Mann auf dem Baum. Das letzte Buch der Bibel sagt, Jesus habe Augen wie *Feuerflammen*. Bisher hat Zachäus wohl nur so ein unklares Empfinden gehabt, daß sein Leben vor Gott nicht bestehen könne. Aber nun leuchten diese Feuerflammen in die letzten Winkel seines Lebens. Sie bringen alles ans Licht: Seine Gottlosigkeit, seine Härte, seine Lieblosigkeit, seine Unreinigkeit, seine Lügen — alles! Alles!

So sieht uns Jesus jetzt an. Uns! Möchte es nur recht bei uns heißen: „Du durchdringest alles . . .“

Vielleicht denkt jemand: „Solch eine harte Rede paßt schlecht zu einem schönen Sonntagmorgen!“ Nun, Versammlungen der Christen sind anders als die anderer Leute. Die Bibel berichtet uns im Buch Nehemia auch von einer Zusammenkunft des Volkes Gottes. Dabei wurde Gottes Wort verlesen — und die Flammenaugen durchdrangen die Herzen und machten Schreckliches offenbar. Selbst starke Männer weinten, weil sie bei der Begegnung mit dem lebendigen Gott sich selbst erkannten und entsetzt waren über ihren verlorenen Zustand.

Ja, Zachäus sah diese Flammenaugen. Zugleich aber — das ist seltsam — sah er in den Augen Jesu *unendliches Erbarmen*. In diesen Augen Jesu kann man lesen: „Ich bin gekommen, zu suchen und selig zu machen, was verloren ist.“ In seinen Augen steht das Erbarmen mit den beladenen Gewissen, mit den zerbrochenen Herzen, mit denen, die allein und ohne Errettung nicht mehr weiterleben können.

2. Wir sehen Jesu Mund

Zachäus sieht, wie Jesu Mund sich öffnet: „Steig eilend hernieder! Ich muß heute in deinem Hause einkehren.“

Ein atemberaubender Augenblick! Jetzt steht das zeitliche und ewige Leben des Zachäus auf des Messers Schneide. Was wird er antworten? Er könnte sagen: „Herr, nein! Es hat sich herumgesprochen, wie hart du mit dem reichen

Jüngling umgegangen bist. Von dem hast du verlangt, er solle all sein Vermögen wegschenken. Und — ich bin auch reich! Du willst zuviel!"

Oder er könnte sagen: „Das muß ich mir nun doch überlegen, wenn ich dich aufnehmen soll. Das kann man doch nicht so eilig machen."

So hätte er sagen können. Und Jesus wäre weitergegangen. Und Zachäus hätte weiter die Hölle im Herzen gehabt, wäre unter Gottes Zorn geblieben und ewig verlorengegangen.

Es ist wundervoll, wie Zachäus reagiert hat. Kein Wort sagt er: Er steigt eilend vom Baum und nimmt Jesus auf mit Freuden! Die Bibel erklärt: „Wie viele Jesus aufnahmen, denen gab er Macht, Gottes Kinder zu werden."

In solch eine unerhört wichtige Entscheidungsstunde kommt jeder, dem der Herr Jesus in seinem Wort begegnet. Er lebt ja und ruft auch uns — wie er den Zachäus gerufen hat.

Und nun möchte ich noch auf ein seltsames Wort aus dem Munde Jesu aufmerksam machen: „. . . ich *muß* heute in deinem Hause einkehren." Vielleicht hat Zachäus später, als sein Leben neu geworden war, den Herrn gefragt: „Herr, du hast gesagt, daß du bei mir einkehren *mußt*. Wer zwang dich denn? Warst du nicht frei?"

Dann hat Jesus wohl geantwortet: „Mein Vater im Himmel wollte es. Denn er hat dich erwählt, ehe der Welt Grund gelegt war." Auf solchem Grund steht das Glaubensleben der Gotteskinder. Und Jesus fuhr wohl fort: „Und ich *mußte*, weil meine Liebe mich trieb. Du hast erkannt, daß du ein Verlorener bist. Ich aber bin gekommen, zu suchen, was verloren ist."

Dieses „Ich muß" spielt im Leben Jesu eine große Rolle. Nach seiner Auferstehung sagte er seinen Jüngern, die durch sein Sterben noch verwirrt waren: „Also *mußte* Christus leiden." Er mußte, weil es des Vaters Wille ist, daß allen Menschen geholfen werde. Und er mußte, weil die Liebe zu den verlorenen Menschen ihn trieb. Der Liederdichter wußte um diese Liebe, als er sang:

Nichts, nichts hat dich getrieben
zu mir vom Himmelszelt,
als das geliebte Lieben,
womit du alle Welt
in ihren tausend Plagen
und großen Jammerlast,
die kein Mund kann aussagen,
so fest umfangen hast.

3. Wir sehen Jesu Füße

Von den Füßen Jesu sagt die Offenbarung das seltsame Wort: „Er hat Füße wie Messing."

Wir spüren etwas von diesen Messingfüßen, wenn wir beobachten, wie der Herr Jesus an so vielen Leuten vorübergeht und unbeirrt auf den Zachäus zielt. Er ging vorüber an den Pharisäern, die sich selbst für gut hielten und nichts wußten von den Abgründen des Herzens und von dem Ernst und der Heiligkeit Gottes. Er ging vorüber an den Sadduzäern, die mit ihrem kritischen Verstand alles in Frage stellten, nur sich selbst nicht. Er ging vorüber an den Volksmengen, die nur ihre Neugier befriedigen wollten, aber sich sehr hüteten, sich irgendwie festzulegen. Unbeirrt ging er — wie schrecklich! — an all diesen Leuten vorüber, um den Mann mit dem beladenen Gewissen zu suchen.

„Füße wie Messing." Das verstehen wir auch, wenn wir in der Geschichte lesen: „Da murrten sie alle, daß er bei einem Sünder einkehrte." Das griechische Wort, das hier im Urtext steht, zeigt, daß es sich nicht nur um eine Unzufriedenheit handelte. Es war ein wildes und böses Murren. Ich könnte verstehen, wenn Jesus gesagt hätte: „Zachäus, geh schon mal vor. Ich muß erst das Volk beruhigen." Nein! Die Füße wie Messing bleiben unbeirrt. Jesus ist nur und ausschließlich gekommen, zu suchen, was verloren ist.

Dieses Murren wurde eines Tages zum Gebrüll: „Kreuzige ihn!" Gerade aber das war in Gottes Plan. Und Jesus wollte den Willen des Vaters ganz erfüllen. So trugen ihn seine Füße dorthin, wohin sein ganzer Weg zielte: nach Golgatha an das Kreuz. Und da wollen wir nun stehenbleiben, bis wir hören, was das Kreuz Jesu uns zu sagen hat: „Ich bin gekommen, zu suchen und selig zu machen, was verloren ist."

(Ansprache beim 98. Jahresfest
der Bodelschwinghschen Anstalten
in Bethel bei Bielefeld am 4. Juli 1965.)